诚信与安全

——第三届“机动车驾驶培训与道路交通安全国际论坛”成果汇编

北京京安驾驶人安全与素养研究院 编

人民交通出版社股份有限公司
China Communications Press Co.,Ltd.

内 容 提 要

本书是“诚信与安全”为主题的第三届“机动车驾驶培训与道路交通安全国际论坛” 成果汇编，包括直击国际论坛、领导致辞实录、嘉宾精彩演讲、国际经验交流、“中国车驾管回眸展”掠影五部分内容，全面、真实地再现了论坛的盛况。

本书适合从事道路交通安全和机动车驾驶培训行业的管理者、相关协会工作者和驾驶培训经营者等参考阅读。

图书在版编目(CIP)数据

诚信与安全:第三届“机动车驾驶培训与道路交通安全国际论坛”成果汇编/北京京安驾驶人安全与素养研究院编.—北京:人民交通出版社股份有限公司,2018.12

ISBN 978-7-114-15212-2

Ⅰ.①诚… Ⅱ.①北… Ⅲ.①汽车驾驶员—技术培训—国际学术会议—文集②道路交通安全法—国际学术会议—文集 Ⅳ.①U471.3-53 ②D912.296-53

中国版本图书馆CIP数据核字(2018)第279213号

Chengxin yu Anquan

书　　名: 诚信与安全——第三届“机动车驾驶培训与道路交通安全国际论坛”成果汇编
著 作 者: 北京京安驾驶人安全与素养研究院
责任编辑: 刘泽宇　范才彬
责任校对: 刘　芹
责任印制: 张　凯
出版发行: 人民交通出版社股份有限公司
地　　址: (100011)北京市朝阳区安定门外外馆斜街3号
网　　址: http://www.ccpress.com.cn
销售电话: (010)65290014
总 经 销: 人民交通出版社股份有限公司
经　　销: 各地新华书店
印　　刷: 中国电影出版社印刷厂
开　　本: 787×980　1/16
印　　张: 9.75
字　　数: 157千
版　　次: 2018年12月　第1版
印　　次: 2018年12月　第1次印刷
书　　号: ISBN 978-7-114-15212-2
定　　价: 48.00元

编　写　组

李　洁　曹仁磊　闫文辉　顾熻鲁
夏　韡　刘俊利　范才彬　刘建莹
刘泽宇　赵　旭

特别鸣谢

人民交通出版社股份有限公司
东方时尚驾驶学校股份有限公司

前　言

“忽如一夜春风来，千树万树梨花开”，在交通安全文明认知不足和基础设施条件尚不完善的情况下，我国的汽车时代已经快速到来。目前，我国汽车保有量和机动车驾驶人数量呈现井喷式增长，人们在充分享受汽车带来便捷的同时，也受到道路交通事故威胁和道路严重拥堵等不和谐现象的干扰。然而，这些本不应该成为汽车时代的产物。

机动车驾驶人是道路交通安全的基础和源头，也是影响道路交通安全的最重要因素。机动车驾驶培训是道路交通安全管理的第一道、也是最重要的一道防线。现阶段，我国驾驶培训考试制度尚不能完全适应时代的需要，驾驶培训质量也无法满足道路交通安全管理的需要，驾驶培训领域的诚信体系建设尚不完善。驾驶人普遍存在法制意识淡薄、安全知识匮乏、文明驾驶意识较低等问题，这也是交通事故高发和道路拥堵等现象的主要原因。为此，国家相关管理部门与行业协会、驾驶培训行业内的优秀企业共同牵头，在前两届“机动车驾驶培训与道路交通安全国际论坛”的基础上，邀请法国、比利时、韩国等国家的专家学者共同举办了第三届“机动车驾驶培训与道路交通安全国际论坛”。

本次论坛以“诚信与安全”为主题，与会各国嘉宾围绕驾驶培训考试制度、驾驶培训行业诚信体系建设和交通安全意识培养等内容进行了深入的交流和探讨。本书以翔实的资料、丰富的内容展现了论坛的盛况，以较高的立意和开阔的视野总结了论坛的成果，希望为行业管理者、相关协会工作者、驾驶培训经营者提供新的思路，共同为培养高素质驾驶人、改善机动车驾驶培训和道路交通安全现状而努力。

编　者

2018年10月

目　录

第一章

直击国际论坛

第一节　论坛举办背景

随着中国经济社会持续快速发展，机动车保有量继续保持快速增长态势。据公安部统计，截至 2017 年年底，全国机动车保有量达 3.10 亿辆，其中汽车 2.17 亿辆。

同时，数据显示，随着机动车保有量持续快速增长，机动车驾驶人数量也呈同步大幅增长趋势，近五年年均增量达 2467 万人。2017 年，全国机动车驾驶人数量达到 3.85 亿人，汽车驾驶人超过 3.42 亿人。从驾驶人驾龄看，驾龄不满一年（新领证）的驾驶人有 3054 万人，占驾驶人总数的 7.94%。

机动车保有量持续快速增长，新增驾驶人数量居高不下，与之相对应的是驾驶人的素质与交通安全的矛盾日益凸显，驾驶人安全文明素养的提升也将成为改善交通秩序和交通安全环境的重要支撑。

2018 年 3 月 28 日，最高人民法院发布一份司法大数据——《机动车交通事故责任纠纷案件报告》显示，2012 年至 2016 年，全国各级人民法院受理机动车交通事故责任纠纷一审案件数逐年上升。在机动车交通事故发生原因中，排名前三的分别为无证驾驶、酒后驾驶和开车玩手机。

交通安全状况不容乐观

大数据表明，目前我国道路安全状况仍然堪忧，驾驶人文明素质尤其是诚信素质亟待提高，如何诚信驾驶，培养出遵纪守法有诚信的驾驶人，做有诚信的驾驶培训企业，形成具有良好诚信氛围的驾驶培训行业成为全社会关注的热点。

正是在这一背景下,“第三届机动车驾驶培训与道路交通安全国际论坛”乘风而来,它承载着广大驾驶人和驾培行业的责任和使命,也得到了道路交通管理部门及广大驾培机构的支持和青睐,希望为广大驾驶人和驾培行业提供更多交流和沟通的机会,使个人、企业、行业的诚信与安全有的放矢。

第二节　论坛筹备与组织

本届论坛以“诚信与安全”为主题，旨在为驾培行业健康、有序、高质量的发展提供更多交流和沟通的机会，学习国际先进经验，推动驾驶培训行业以诚信和安全为准则良性发展。本届论坛邀请了法国、比利时、韩国等国家的交通管理部门负责人和行业专家参加，通过碰撞与交流，以期提升我国驾培行业培训与管理的质量和水平，提高公众安全文明出行意识，改善我国的道路交通安全环境。

本届论坛在筹备与组织过程中，得到了公安部交通管理局、交通运输部运输服务司、交通运输部公路科学研究院、中国道路交通安全协会、公安部道路交通安全研究中心、公安部交通管理科学研究所的大力支持和指导。新华社中国广告联合有限责任公司作为承办单位，与东方时尚驾驶学校股份有限公司、北京京安驾驶人安全与素养研究院、人民交通出版社股份有限公司、北京电视台红绿灯节目组以及各地方驾驶培训协会通力合作，对论坛的各个环节进行了精心的组织和安排，使论坛获得了业界的高度赞誉，取得了丰硕成果。

第三节 论坛盛况

论坛现场

一、论坛概况

时　　间：2018 年 6 月 19 日至 21 日

地　　点：北京西国贸大酒店

主　　题：诚信与安全

指导单位：公安部交通管理局、交通运输部运输服务司

主办单位：交通运输部公路科学研究院、中国道路交通安全协会

支持单位：公安部道路交通安全研究中心、公安部交通管理科学研究所、人民交通出版社股份有限公司

承办单位：新华社中国广告联合有限责任公司

协办单位：东方时尚驾驶学校股份有限公司，北京京安驾驶人安全与素养研究院，北京、上海、河北、内蒙古、江苏、浙江、安徽、湖南、广州等各省、区、市驾驶培训行业协会

媒体支持单位：新华社、新华网、人民网、环球网、中央电视台、中新社、中国交通频道、北京电视台、北京交通广播、环球时报、北京日报、新京报、北京晚报、北京晨报、中国青年报、中国质量报、法制晚报、中国汽车报、中国网、汽车之家、网易、搜狐、腾讯、新浪等。

参会嘉宾：公安部交通管理局、交通运输部运输服务司有关领导，法国、比利时等政府交通管理部门官员，韩国、马来西亚等国家和中国香港地区的机动车驾驶培训机构负责人，我国部分省份（自治区、直辖市）行业监管与研究机构、驾驶培训行业专家、行业协会人员及重点驾驶培训机构负责人。

二、大会盛况

6月20日至21日，第三届“机动车驾驶培训与道路交通安全国际论坛”在北京西国贸大酒店举行。公安部交通管理局和交通运输部运输服务司的领导分别代表机动车驾驶人考试的主管部门和驾驶培训的行业主管部门出席论坛并致辞，各国嘉宾围绕“诚信与安全”，探讨针对改善驾驶培训过程与效果的思路，力求探寻完善驾驶培训行业诚信体系建设的路径与方法。

论坛主题宣传片

论坛与会嘉宾向因道路交通事故罹难者默哀

与会嘉宾

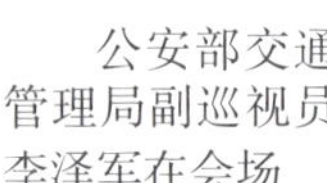

公安部交通管理局副巡视员李泽军在会场

交通运输部
运输服务司副司长
蔡团结在会场

中国道路交通
安全协会秘书长
王京在会场

公安部交通管理科学研究所所长王长君在会场

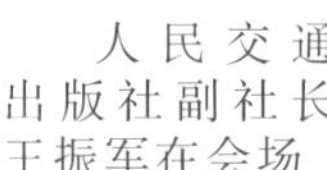

人民交通出版社副社长王振军在会场

北京市交通委运输管理局副局长马伯夷在会场

法国嘉宾贝尔纳·马赫蒂纳日在会场

比利时嘉宾奥特・范登博格在会场

韩国嘉宾许亿在会场

中国香港嘉宾朱燦培在会场

北京市机动车驾驶人培训行业协会会长安钟岩在会场

上海市机动车驾驶员培训行业协会会长俞维林在会场

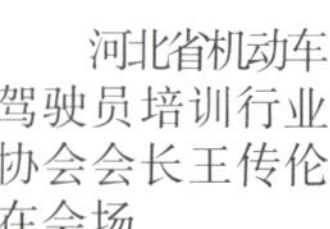

河北省机动车驾驶员培训行业协会会长王传伦在会场

内蒙古机动车驾驶员培训行业协会会长刘禹辉在会场

江苏省机动车驾驶人培训行业协会副秘书长吴志宏在会场

浙江省汽车驾驶员培训行业协会副会长李超在会场

湖南省机动车驾驶员培训协会秘书长陈际平在会场

安徽省机动车驾驶培训行业协会秘书长束龙友在会场

广州市机动车驾驶培训行业协会常务副会长马宏谊在会场

第四节　论坛成果

“机动车驾驶培训与道路交通安全国际论坛”是具有非官方性质的各国机动车驾驶培训机构业务交流的一次盛会，是国际性相互交流经验、沟通感情的学术性活动。与会嘉宾结合自身研究成果，进行了深度交流。

一、围绕机动车驾驶培训和道路交通安全 三届论坛大放异彩

党的十九大报告中多次提到“安全”“坚持总体国家安全观。统筹发展和安全，增强忧患意识，做到居安思危”“树立安全发展理念，弘扬生命至上、安全第一的思想”。可见，“安全”对于一个国家至关重要。

同样的，“安全”也是驾驶培训行业永恒的主题。“机动车驾驶培训与道路交通安全国际论坛”已经连续举办两届，首届论坛以“责任与安全”为主题，第二届论坛以“质量与安全”为主题，邀请了德、英、美等世界各国和地区的机动车驾驶培训机构、行业监管机构负责人参加，论坛内容充实而精彩，在全行业引起了广泛的反响。

今年，第三届“机动车驾驶培训与道路交通安全国际论坛”以“诚信与安全”为主题，邀请了法国、比利时、韩国、马来西亚等国家和中国香港地区的机动车驾驶培训机构、行业监管机构与部分中国机动车驾驶培训机构的管理者及行业从业人员参加。

论坛组委会执行主席闫文辉表示，目前我国机动车驾驶培训行业轻培训、重考试情况严重，部分机动车驾驶培训机构为了应对考试而培训。论坛旨在通过学习国外先进经验，增加行业的交流沟通，推动我国驾驶培训由应试培训向素质教育转变，培养素质优秀的驾驶人，促进机动车驾驶培训行业健康发展。

论坛组委会执行主席闫文辉致辞

二、道路交通安全是国际上永恒的话题 国外经验值得借鉴

道路交通安全是一个世界性的社会问题，也是国际上永恒的话题。第三届“机动车驾驶培训与道路交通安全国际论坛”上，国内外嘉宾围绕论坛主题“诚信与安全”展开演讲和讨论。其中，三位外国嘉宾的演讲颇为吸引观众眼球。

比利时道路安全研究所研究总监 Wouter Van den Berghe（奥特·范登博格）发表了主题为“探索驾驶员的思维方式”的演讲，介绍了比利时的基本情况和比利时国家道路安全研究所及其在促进比利时道路安全方面所做的主要工作，并重点介绍 ESRA 国际道路安全研究项目，展示该项目的研究成果，希望中国加入 ESRA 国际项目。

法国内政部原国家警察总部信息技术司副司长 Bernard Martinage（贝尔纳·马赫蒂纳日）发表了主题为“法国道路交通安全管理问题及对策”的演讲，介绍了法国的强制车险、驾照考试、新型交通工具、安全教育、交通事故等各个有关道路交通安全方面的内容。同时，介绍了法国有关道路交通安全的法律法规，并指出一些有待改进的地方。

韩国国土交通部安全顾问许亿发表了主题为“韩国发挥驾校作用力争减少 50% 交

通事故死亡率”的演讲，介绍了韩国从政府机关到民间正在实施和制定的一系列举措。其中最重要的是加强“驾驶安全学校作用”，通过强化驾驶学习的时长和难度，加强对违法交通参与者的再教育，注重对于老龄驾驶者的检验和教育。为了实现交通事故死亡率减少 50% 的目标，韩国政府从国民、政策、动员活动等角度制定了全面的方案。

论坛组委会执行主席闫文辉为与会国内外嘉宾颁发荣誉证书

三、聚焦“诚信与安全” 国内嘉宾各抒己见 热烈讨论

“人民有信仰，国家有力量，民族有希望”，党的十九大报告中指出，“推进诚信建设和志愿服务制度化，强化社会责任意识、规则意识、奉献意识”。本届论坛的主题为“诚信与安全”，在安全驾驶的基础上，增加诚信驾驶，做诚信驾培企业，这与国家的诚信建设十分契合。

公安部交通管理局宣传教育处处长张明做了题为“诚信为责　安全为至　综合治理　群策群力　大力提升驾驶人法治意识、文明意识”的主旨演讲，演讲结合当前道路交通安全形势，阐述了公安部和交通运输部联合部署开展文明交通进驾校“五个一”活动目的、意义，以及目前全国开展“五个一”活动的总体情况及存在的突出问题，共同探讨部门协同、企业尽责、社会参与，共建共治共享文明交通的有效途径。

北京警察学院教授柳实的演讲主题为“诚信是驾驶培训行业的必由之路”，他着重介绍了目前驾驶培训行业在诚信方面存在的突出问题，并从人员、教学等多个方面分析了解决问题的办法。

公安部道路交通安全研究中心特约专家、3M 中国交通安全系统部首席交通安全教育与政策联络官官阳的演讲主题为“在中国开车不容易”，他从交通控制技术的认知角度，立足于人因和驾驶任务等基础交通安全技术概念，揭示中国交通安全的发展状态与需求，探讨构建全民道路使用行为干预体系的技术路径。同时他还呼吁行业和社会要达成共识，优化驾驶人训练内容，完善现行违章行为惩教结合的做法，从娃娃和家长入手发动全民用路行为规则意识的灌输工程，再造交通安全教材和基层社团，以及研究利用新技术提高驾驶行为干预能力等，从而不断改善交通安全环境。

公安部道路交通安全研究中心驾驶人安全研究室副主任周志强讲述了《新时代下我国驾驶人培训考试问题解析与对策》，分析了我国当前驾驶人结构特征和发展趋势，回顾驾培驾考改革的实施成效，剖析当前我国驾驶人培训考试存在的问题以及新时代驾培驾考行业面临的形势和挑战，并提出对策意见。

一线基层民警代表，黑龙江省哈尔滨市交警支队车管所民警吴巍发表了主题为“小信成则大信立”的演讲，介绍了在构建和谐社会的今天，不仅要依赖交通法律法规的处罚，还要采取对失信人惩戒的方式，倒逼交通参与者主动遵守法律，如此方能推动整个社会诚信风气的形成，提升社会公众的守法意识。

驾驶培训机构代表、乐清畅达机动车驾驶员培训有限公司执行总裁颜建平带来了题为“区域性驾校管理办法的探索和实践”的主旨演讲，探讨了目前驾校管理面临的诚信、安全、偷减学时等若干难题，分析了导致出现这些难题的根本原因，并提出驾驶培训机构应转变管理理念，从以往的价格导向转变为以服务诚信为导向，培育服务诚信经营的驾校管理理念，从开放的市场导向联合、自律，共享，从根本上破除驾驶培训行业的恶性发展困境。

四、“中国车驾管回眸展”、文明交通进驾校“五个一”展示吸引人眼球

第三届“机动车驾驶培训与道路交通安全国际论坛”上，除了驾驶培训行业各界人士共同交流外,还举办了“中国车驾管回眸展”和全国文明交通进驾校“五个一”活动展示。

“中国车驾管回眸展”展出了44 类共计数百件珍贵藏品，系统地回顾中国车驾管

的历史进程。重量级珍贵展品有：中国最早交通法规石碑拓片（宋代），中国早期提及交通官职的石碑拓片（明代），中国最早道路安全标语石碑拓片（清代），中国早期汽车驾驶证，马、牛、驴、骡、骆驼车辆行车证，水车、粪车等罕见车牌，民国至今代表性通行证，万公里至亿公里安全驾驶奖章，中国最大及最小车牌等珍贵物证。参会展品不仅有珍贵书籍，还有各个时期车驾管业务历史资料。

中国车驾管回眸展

此外，论坛上全国文明交通进驾校“五个一”活动展示对公安部、交通运输部组织开展的文明交通进驾校“五个一”活动进行了精彩展示。“五个一”活动的内容为设立一个交通安全宣传教育阵地或基地、讲好一堂文明交通法治课、播放一部交通安全警示教育片、组织一次文明交通志愿服务、举行一场文明守法驾驶宣誓仪式，旨在增强驾校学员的交通安全意识、法治意识、文明意识。

第二章

领导致辞实录

第一节　加强部门协同　增强社会责任　为驾校学员系好安全驾驶“第一粒纽扣”

李泽军
公安部交通管理局副巡视员

公安部交通管理局副巡视员李泽军在论坛上致辞

摘　要

驾校是新驾驶人培训的实践者和执行者，应全面贯彻落实“五个一”活动的相关要求，进一步打造教学名师队伍、完善宣传基地阵地建设、丰富课堂教育内容，提升培训水平；坚持“立德树人”的理念，在追求经济利益的同时，更加注重社会责任；在关注考试通过率的同时，更加注重学员安全习惯的培养；在传授驾驶技巧的同时，更加注重文明素质的养成，为学员系好安全驾驶的“第一粒纽扣”。

各位嘉宾，女士们，先生们：

大家上午好！

首先，我代表公安部交通管理局对国际论坛的隆重召开表示衷心祝贺！

道路交通安全是当今社会人们共同关注的民生话题，也是世界各国公共安全治理的共同难题。近年来，随着经济社会的高速发展，我国正快速进入“汽车社会”。

但是与此同时，我国的道路交通安全也面临巨大的挑战和考验。一方面是事故之殇。交通事故死伤数量仍然较大，群死群伤的重特大道路交通事故仍时有发生，“车祸”成为和平年代对人民群众最直接、最突出的安全威胁。另一方面是文明之失。交通陋习较为普遍，交通违法行为常见多发，交通安全风险突出，驾驶人安全文明素质亟待提升。

截至目前，我国机动车保有量已达 3.1 亿辆，驾驶人总数已达 3.9 亿人，每年新登记汽车 2000 多万辆，新增驾驶人 3000 多万人，这些不断攀升的数字再次提醒我们，提升新驾驶人交通安全素养已成为迫在眉睫的任务。

2015 年，公安部、交通运输部联合推出了机动车驾驶人培训考试制度改革，这是第一次从国务院层面对机动车驾驶培训考试做出工作部署，其重要目标就是想通过制度创新培养安全文明的驾驶人。2017 年，公安部、交通运输部联合部署开展了文明交通进驾校“五个一”活动。这是两部门又一次为推进驾培机构完善教育体制、创新教育形式、丰富教育内容等做出的具体工作部署。

驾校是新驾驶人培训的实践者和执行者，我们希望驾培机构能结合自身实际，全面贯彻落实“五个一”活动的相关要求，进一步打造教学名师队伍、完善宣传基地阵地建设、丰富课堂教育内容，提升培训水平，使学员不仅练成过硬的驾驶技能，更养成优秀的驾驶品行和文明意识，真正实现从应试培训向素质教育的转变。

我们期待驾培机构坚持“立德树人”的理念，在追求经济利益的同时，更加注重社会责任；在关注考试通过率的同时，更加注重学员安全习惯的培养；在传授驾驶技巧的同时，更加注重文明素质的养成，为学员系好安全驾驶的“第一粒纽扣”。

同时我们要求各地公安交管部门结合驾考改革工作，积极创新、精细组织，大力推进简政放权，并从专业化、精细化、规范化着手，提升考试员水平，把好新驾驶人准入关口。

习总书记指出，“平安是老百姓解决温饱后的第一需求，是极重要的民生。”下一步公安部将会同交通运输部，紧紧围绕以人民为中心的理念，全面推进新驾驶人的培训和教育相关工作。深化“放管服”改革，让群众更满意；完善培训管理及质量评价机制，让治理更科学；研究制定相关法律法规，让行业更规范；提升教练员、考试员素质，让队伍更专业；建立完善培训市场信用体系，让市场更诚信。

我们呼吁，相关政府部门、行业企业、社会团体、媒体媒介等社会力量，对道路交通安全、对新驾驶人安全文明素养再多一份关注、多一份责任，共同为每年3000万新驾驶人站好岗、把好关、守好门！

此次论坛将"诚信与安全"作为主题，非常契合驾驶培训的核心精神和现实需求，我看到论坛形式多样、内容丰富，许多国内外专家、学者和从业者在此汇集，开展经验交流、思想交换、理念交融，将对中国道路交通安全工作起到积极的推进作用。

最后，预祝本次论坛圆满成功！

谢谢大家！

第二节　推进驾驶培训行业诚信体系建设　共同培育公平竞争、健康透明的市场

蔡团结
交通运输部运输服务司副司长

交通运输部运输服务司副司长蔡团结在论坛上致辞

摘　要

坚持推进驾驶培训行业的诚信体系建设，努力打造不敢失信、不能失信、不想失信的行业环境，力求树立驾培行业求质量、讲信用、优服务的良好形象，不断提升驾培行业的市场公平度、学员的满意度和行业的信誉度，努力为道路交通安全水平的提升奠定良好基础，把好道路交通安全的第一道防线。

各位来宾，女士们、先生们：

大家上午好！

非常荣幸参加第三届论坛，每届都有每届的主题，每届都有每届的特色，第三届国际论坛围绕“诚信与安全”这个主题非常切合实际，充分显示了主办单位对驾

驶培训和道路交通安全工作的责任担当。在此，我代表交通运输部运输服务司对第三届论坛的召开表示祝贺！

诚信是市场经济的黄金规则，习近平总书记强调，对突出的诚信缺失问题既要抓紧建立覆盖全社会的征信系统，又要完善守法诚信褒奖机制和违法失信的惩戒机制，使人不敢失信、不能失信。截至2017年年底，全国共有机动车驾驶培训机构17804个，教练员近92万人，年培训量为2707万人次。交通运输部坚持推进驾驶培训行业的诚信体系建设，努力打造不敢失信、不能失信、不想失信的行业环境，力求树立驾培行业求质量、讲信用、优服务的良好形象，不断提升驾培行业的市场公平度、学员满意度和行业信誉度，努力为道路交通安全水平的提升奠定良好基础，把好道路交通安全的第一道防线。

第一，构建不敢失信的制度体系，提升市场公平度。

在《中华人民共和国道路运输条例》和《机动车驾驶员培训管理规定》的修订过程中，我们注重对不按大纲教学、不如实填写培训记录等失信行为的惩罚，将其纳入行业监管和处罚的重点。交通运输部发布了《机动车驾驶员计时培训系统平台技术规范》和《机动车驾驶员计时培训系统计时终端技术规范》，开发了全国驾培数据交换系统和数据服务平台，构建了全国统一的计时培训管理系统，实现了培训过程的动态监督和学时监管。我们也正在与公安交管部门商讨如何实现学时的实时对接，这是实现两部门联合监管的重要方面，也是驾培驾考改革的一项重要任务。我部印发了《关于加强交通运输行业信用体系建设的若干意见》，将驾培作为诚信联合激励和失信联合惩戒工作，纳入我们的日常工作，构建一处失信处处受限的信用监督、警示和惩戒的工作体制机制。下一步还将修订相关法律法规，与有关部门联合部署，保障学员合法权益，特别是会同公安交管部门进一步加强培训学时的监管，继续通过法律法规严格管理和信用联合惩戒制度建设，进一步完善不敢失信的制度体系，提升市场公平度。

第二，建立不能失信的监管机制，提升学员满意度。

我部自2013年起开始推行“计时培训、计时收费、先培训后付费”的服务模式，这是对驾培行业的重大改革，是督促驾培机构诚信经营的重要制度。2016、2017年连续两年将推行机动车驾培机构培训服务模式的创新纳入部里的民生实事，并会同原工商总局发布了《机动车驾驶培训先学后付、计时收费模式服务合同(示范文本)》，让培训机构的服务价格、服务合同、服务承诺更加透明，让学员的消费更加放心。

下一步我部将认真总结“先培后付”的实施效果，继续推广“先学后付”理念和学员的评价机制，制定发布驾培机构质量考核办法，完善不能失信的监管机制，提升学员满意度。

第三，营造不想失信的行业氛围，提升行业信誉度。

营造诚信经营的行业氛围，行业协会的自我监督、自我约束作用至关重要。今天看到很多老朋友，也是我们原来驾培管理部门的领导，有的已经在行业协会继续发挥作用。

中国道路运输协会每两年在全国驾培行业组织一次文明诚信优质服务创建活动，评选出一批示范驾培机构、优秀驾培机构、优秀经理人和优秀教练员。2016 年北京、河北、湖南等十个省市的机动车驾驶员培训行业协会联合发起了信用驾培倡导大会，发布了《信用驾培北京宣言》，通过了《信用驾培自律公约》《信用驾培承诺》，全国 26 个省近千所机动车驾驶员培训机构积极响应，自愿加入并履行信用驾培的自律承诺。教练员的管理至关重要，取消相关资格证书，相关的管理陷入了盲区。下一步我们将研究建立基于职业资格体系的教练员管理制度，以诚信为考核机制，在驾培行业中建立教练员的红黑名单制度。充分发挥行业协会等第三方机构的作用，通过制度引导和品牌活动继续营造不想失信的行业氛围。过去我们往往只注重驾培机构的车辆、场地等硬件标准，将来更重要的是抓住核心关键岗位人员，通过教练员的言传身教使学员真正养成交通安全文明意识。人无信不立，业无信不兴。机动车驾驶员培训行业的诚信建设是和谐社会的窗口，诚信经营是驾驶员培训机构核心的价值取向，是进一步提升驾培机构服务能力和品牌形象的必要手段，驾培行业的诚信体系建设是一个复杂的系统工程，需要各方的共同努力。

第三节　携手并肩　培育驾驶培训行业社会责任感 推动新时代社会文明驾驶不断发展

王京
中国道路交通安全协会秘书长

中国道路交通安全协会秘书长王京在论坛上致辞

摘　要

机动车驾驶人是道路交通安全重要的参与者和道路交通事故主要责任主体，加强机动车驾驶培训是强化道路交通安全源头治理的重要内容和主要抓手。通过交流，碰撞出许多具有前瞻性、战略性、综合性，以及创新性的真知灼见，将对规范机动车驾驶培训行业，增加驾培行业的责任意识，提高广大驾驶人的法律素养和安全意识，从源头上预防和减少重特大交通事故的发生，推动新时代社会文明驾驶的发展具有重要的意义。

女士们、先生们，朋友们：

上午好！

欢迎参加第三届“机动车驾驶培训与道路交通安全国际论坛”，作为此次论坛的主办单位，我谨代表中国道路交通安全协会向莅临本次论坛的各位领导、嘉宾和各界同仁表示诚挚的欢迎，向长期以来关心支持道路交通安全事业发展的各界朋友们表示衷心的感谢！对此次论坛的顺利召开，表示热烈的祝贺！

随着我国改革开放的不断深入和社会经济的持续发展，道路交通事业取得了突飞猛进的大发展，道路通车里程和机动车保有量持续快速增长，为人民群众的生产、生活带来诸多便利。截至2018年3月底，我国机动车保有量达3.15亿辆，汽车保有量达到2.24亿辆，机动车驾驶人达到3.9亿人，全国公路总里程达477万公里，其中高速公路13.6万公里。可以说我国已全面进入汽车社会，但与此同时，交通拥堵、停车难等诸多问题日益加剧，道路交通事故和死亡人数总量依然很大，重特大交通事故时有发生，全社会的交通安全理念、交通文明意识与整个道路交通事业的发展还不相适应，不文明的驾驶行为和交通陋习还比较普遍，交通安全管理工作任重道远。

机动车驾驶人是道路交通安全重要的参与者和道路交通事故主要责任主体，加强机动车驾驶培训是强化道路交通安全源头治理的重要内容和主要抓手，当前国家驾培改革正在稳步推进，不断深化，许多新的问题在新的发展阶段日益凸显，迫切需要驾培行业和关心关注驾培工作的社会各界有识之士深入交流，积极发声，为改革出谋划策，推动驾培行业的健康有序发展。鉴于此，我会作为主办单位参与举办第三届“机动车驾驶培训与道路交通安全国际论坛”。此次论坛是围绕驾培行业目前在培养驾驶人道路交通安全法律意识和诚信教育方面的短板和薄弱环节开展研讨。当前现行的有关驾驶人培训考试制度难以满足全民驾驶时代，夯实驾驶人法律安全素质的新任务，驾驶人培训考试制度中重应试轻素质，重技巧轻意识等传统思维培育了大量不适应汽车文明社会的新驾驶人。

现有驾驶人培训与考试管理分设两个部门难以形成合力，且培训大纲多以应试为主，缺乏驾驶人敬畏法律思维和认识理解路权让行规则等核心内容的培养。由此导致驾驶人安全文明素质，尤其是诚信素质亟待提高。如何诚信驾驶，培养出遵纪守法的诚信驾驶人，做有诚信的驾培企业，形成具有良好诚信氛围的驾培行业，成为全社会关注的热点。

驾培行业安全更需要守规矩、讲诚信，安全既是道路与生命安全的保障，也是行业生存与发展的基础，更是社会稳定和经济发展的前提。6月6日李克强总理主持召开国务院常务会议，确定进一步建设和完善社会信用体系的措施，以诚信立身兴业，此次论坛以“诚信与安全”为主题，邀请国内外专家就互联网时代提升驾培质量、诚信安全驾驶等热点问题进行深入探讨，倡导驾培行业勇于承担社会责任，通过培养诚信的驾驶人，将安全习惯和安全意识带到整个社会。相信这将是一场令人振奋，充满智慧的交流，必将碰撞出许多具有前瞻性、战略性、综合性，以及创新性的真知灼见，也将对规范机动车驾驶培训行业，增加驾培行业的责任意识，提高广大驾驶人的法律素养和安全意识，从源头上预防和减少重特大交通事故的发生，推动新时代社会文明驾驶的发展具有重要的意义。

女士们、先生们，让我们携手并肩，履行义务，担当责任，为中国道路交通安全和谐有序的发展做出我们应有的贡献。最后预祝第三届“机动车驾驶培训与道路交通安全国际论坛”圆满成功。谢谢大家！

第三章

嘉宾精彩演讲

第一节　诚信为责　安全为至　综合治理　群策群力 大力提升驾驶人法治意识文明意识

张明（中国）
公安部交通管理局宣教处处长

张明女士在演讲

摘　要

从我国道路交通安全现状入手，提出驾驶人培训教育宣传的重要性。通过调研，发现我国驾驶人培训存在的问题及致因。结合自身工作岗位，介绍近几年来所做的源头工作和“五个一”进驾校情况。提出今后做好培训教育宣传工作的七个“强化及推进”。

“不信不立，不诚不行”“安全是生命之本”，在道路交通安全领域中，“诚信”与“安全”往往是相辅相成，互为条件，互为因果的两个关键词。习近平总书记强调，“发展不能以牺牲人的生命为代价，这必须作为一条不可逾越的红线”，与道路交通安全有关的政府职能部门、企业、机构以及相关行业，都有责任、有义务牢固树立并践行安全发展的理念，有力、有效守护群众的交通安全，共建共享安全文明交通环境。

一、当前我国道路交通安全总体形势

（一）我国道路交通发展现状

近年来，在各级党委和政府的领导下，相关部门齐心协力，克服事故易发和高发期的不利因素，基本稳住了道路交通安全形势，道路交通事故实现了由高发到基本遏制并呈稳中有降的态势，特别是一次死亡 10 人以上的重特大道路交通事故明显减少，20 世纪 90 年代为年均 57.2 起，“十五”期间为年均 44.6 起，“十一五”期间为年均 30.2 起，“十二五”期间为年均 19 起。2017 年，在全年汽车增加 2300 万辆，驾驶人增加 2700 万人的情况下，一次死亡 3 人、5 人以上事故同比下降 5.6% 和 12.3%，一次死亡 10 人以上重特大事故首次降至个位数，为 9 起。

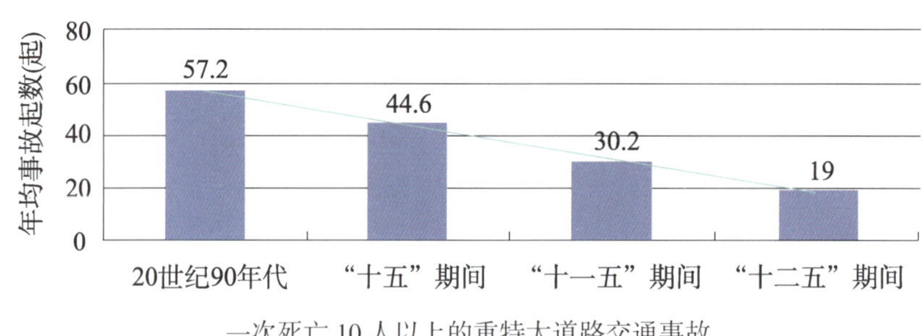

一次死亡 10 人以上的重特大道路交通事故

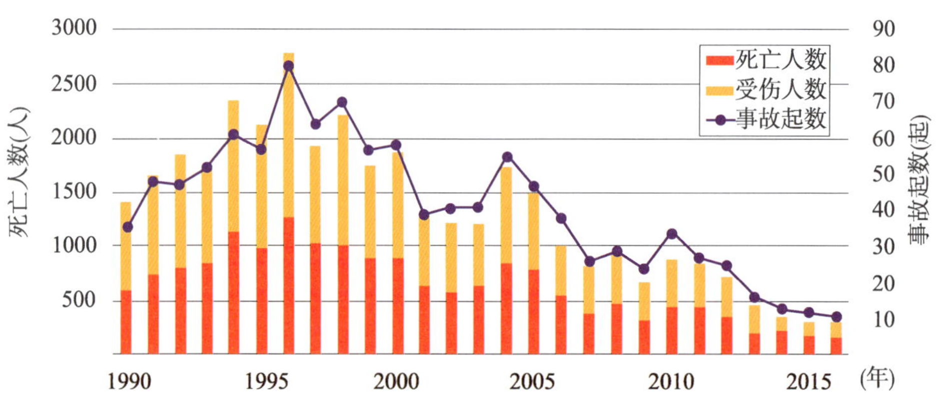

1990 年以来一次死亡 10 人以上道路交通事故发展趋势

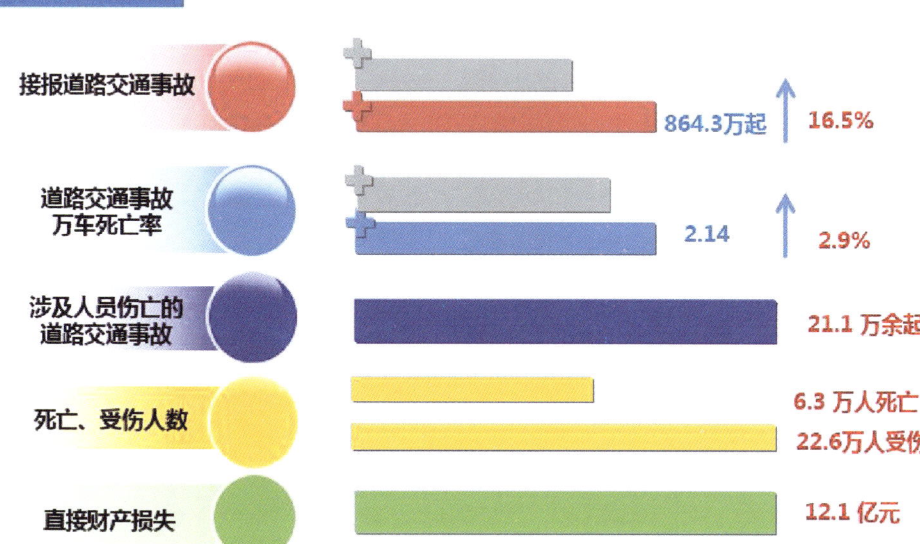

2016 年我国道路交通事故统计数据

虽然重特大道路交通事故下降明显，但客观上讲，我国道路交通安全形势仍然严峻，据统计，2016 年共发生道路交通事故 864.3 万起，同比增加 65.9 万起，上升 16.5%。其中，涉及人员伤亡的道路交通事故 21.2 万余起，造成 6.3 万人死亡，22.6 万人受伤，直接财产损失 12.1 亿元。道路交通事故万车死亡率为 2.14，同比上升 2.9%。

从肇事车辆看：2016 年，货运车肇事事故同比上升，危化品运输车、校车肇事事故上升明显。其中，货运车辆因未按规定让行、违法上道路行驶、超速行驶肇事突出。危化品运输车肇事导致的事故起数和死亡人数同比分别上升 28.7% 和 39.6%。校车导致的事故起数和死亡人数同比分别上升 30.7% 和 46.2%。私用车辆肇事事故上升明显，小型客车、摩托车肇事突出。

从违法行为看：酒后驾驶、违反交通信号、违法停车等违法行为导致的死亡人数同比上升。因不按规定使用灯光、违法装载超限及危险品运输、违法抢行、疲劳驾驶、未按规定让行肇事导致的事故死亡人数同比上升幅度较大。

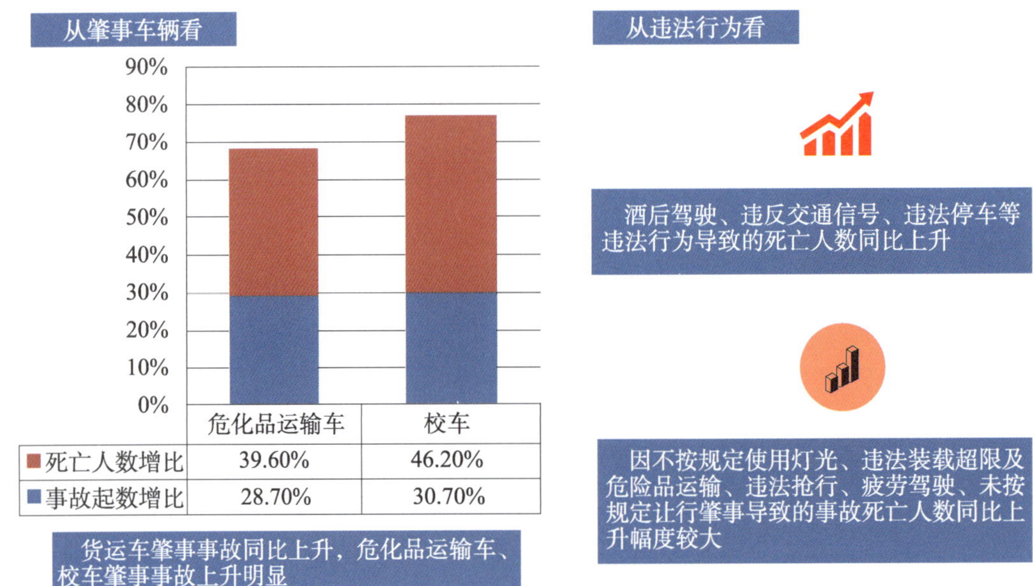

我国道路交通事故分类分析

（二）影响道路交通安全的主要因素

随着我国工业化、城镇化进一步加快，人民生活水平大大提高，在高速发展的进程中，经济发展不平衡、产业结构调整、经济成分多元化以及基础设施建设和人的素质滞后于汽车文明发展等问题，加剧了道路交通各要素不协调和矛盾冲突的程度，增大了道路交通的复杂性和引发道路交通事故的可能性。我国用 20 多年的时间完成了美国 80 多年的机动化进程，而且还在持续高速增长。截至 2017 年底，全国机动车保有量达 3.1 亿辆，其中汽车 2.17 亿辆。全国机动车驾驶人数量达 3.85 亿人，其中汽车驾驶人超3.42亿人。随着交通强国战略的实施，人、车、路将继续保持快速增长态势，据预测，到 2020 年全国机动车将达到 3.5 亿辆、汽车 2.5 亿辆、驾驶人 4.5 亿人，公路 500 万公里，高速公路 15 万公里。近年来，全国近 60% 的重特大道路交通事故发生在没有交通安全设施的路段。还有一个问题是机动车整体安全性偏低。全国有农村面包车约 910 万辆，摩托车 7100 万辆，拖拉机 1500 万辆，电动自行车约 2.3 亿辆。这些车辆安全性能偏低，被动安全和行驶稳定性差。总的来说，当前和今后一个时期，我国仍将处于道路交通事故的易发期和高发期。

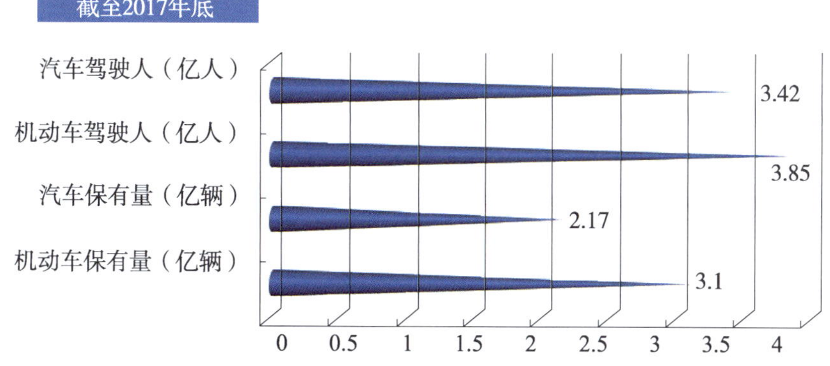

我国机动车及机动车驾驶人发展规模（截至 2017 年底）

影响道路交通安全、诱发道路交通事故的因素有很多，其中，最直接、最主要的原因是驾驶人严重交通违法行为。研究表明，在道路交通设施不完善，车辆安全性不高，混合交通普遍存在的形势下，人的行为是诱发交通事故的主要因素，据统计，90% 涉及人员死亡的道路交通事故是机动车驾驶人交通违法行为导致的。最内在、最关键的原因是监管不到位产生的安全隐患、管理漏洞。包括道路安全隐患、车辆安全缺陷、企业主体责任缺失等。剖析近年来发生的重大道路交通事故，几乎每一起都在道路、车辆、运输企业主体责任上存在不同程度的问题，暴露出交通安全综合监管、交通运输行业监管、驾驶人培训考试和机动车登记检验等源头监管不到位、责任不落实的问题。

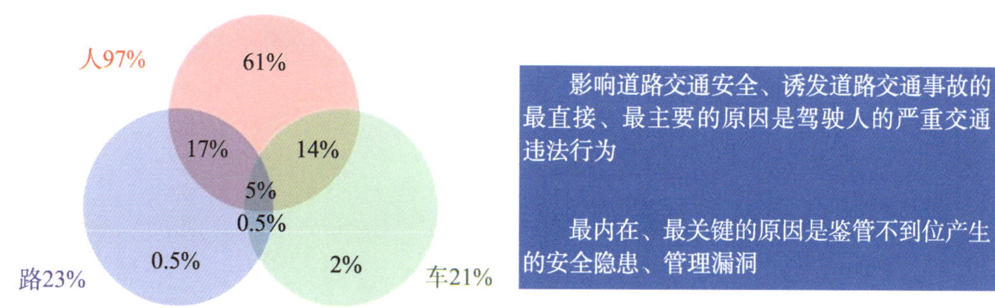

基于深度调查的事故原因

二、驾驶人培训存在的突出问题

道路交通安全工作中，人、车、路、管理等因素都非常关键，驾驶培训与道路交通安全更是密不可分。我国驾驶人数量实现第一个1亿用了54年，第二个1亿用了7年，第三个1亿只用了4年。数据显示，近几年，我国每年新领证驾驶人基本保持在3000万左右，相当于每分钟有57个新驾驶人申领到驾驶证。

法国著名教育学家卢梭说，最初的教育是最为重要的。驾驶人是道路交通安全的最关键因素，而驾驶培训阶段是驾驶人安全技能、安全意识和文明行车意识养成的最关键时期。驾校培训质量的优劣，教练员水平的高低，在很大程度决定了学员们是否能够将安全驾驶技能外化于形，文明交通理念内化于心，是否能够针对不同道路环境采取适当措施远离危险，是否能够做到守法文明出行，自觉抵制违法，避免交通事故发生，可谓使命神圣，责任重大。

但是，有个别地方在驾驶人培训方面还存在着突出问题和安全隐患，不合规范，偷工减料，培训质量难以保障。总的来讲，当前驾驶人培训存在问题如下：

（一）理论培训仍需加强

调研发现，目前相当一部分驾校未按照《机动车驾驶培训教学与考试大纲》要求进行培训，理论培训不落实，存在学员“自学”或者驾校指导学员“背题”等现象。甘肃省天水市最大的新安驾校，仅配备2名理论教师；甘肃省陇南市徽县华谊驾校，科目一学习室连灯都无法打开，平日理论教学开展情况可见一斑。相当一部分驾校没有设置专门的理论教室场地，理论教师师资力量缺乏，教学内容陈旧匮乏，对法治课、体验参观、实地教育等不重视甚至不开展。有很多驾校反复播放警示教育片来“拼凑”学时，法规讲师的讲授只限于读法条，而不能做到结合实际案例解读。

（二）教练员素质亟待提升

驾校的教练员，应该是驾驶技能高，法律意识强，具备职业道德的。目前个别地方驾培机构低薪招聘教练员，教练员挂靠、承包教练车的现象还很突出，教练员队伍参差不齐，能力素质差。近年来，媒体报道了多起驾校教练员醉酒驾驶，涉嫌危险驾驶罪被追究刑事责任的案例。2018年5月23日在安徽池州，教练员李某醉酒驾车撞倒一辆摩托车，致摩托车驾驶人伤重不治死亡。从某种意义上讲，教练员就是老师，“师者，传道、授业、解惑也”。自身不正，自身不硬，教练员本身的不良驾驶习惯、不文明交通行为在培训时无意中传给了学员，导致“带病”的驾驶人进入社会，又何谓人师？

（三）规章制度有待落实

交通运输部在下发的机动车驾驶教员教材《安全驾驶的引路人》中要求：“教练员遵章守法，为学员起到良好的榜样作用；应随车指导，及时纠正学员的错误并进行安全提示”。但这些规定却常常被忽视。2015 年 7 月 5 日下午，广东省肇庆市怀集县一个驾校训练场上，县高考文科女状元方尧平，被一辆由学员驾驶的突然失控的车辆撞倒后卷入车底，身受重伤抢救无效身亡。因涉及“高考状元”发生车祸身亡，该新闻迅速跻身网络热点，人们叹天妒英才，大好前程毁于一旦。但到底是什么导致了这场悲剧的发生？教练车上为何只有学员而没有教练员呢？说到底，就是规定不落实。如果该驾校认真落实相关规定，严守安全底线，认真检查训练场安全隐患，如果教练员能够坚守岗位，及时纠偏，那么这一惨剧或许就能够避免。

（四）培训考试有所脱节

现行培训考试制度与简政放权新要求、人民群众新期待，还存在不适应、不协调的地方。驾校争抢学员，恶意竞争，培训学时落实不到位，培训质量无法保障，培训质量不高造成补考次数多，进而增加了考试的压力，一些地方考试场地设施不足，警力人员紧张，培训考试积压突出。所以说培训、考试是两个紧密相关的环节，相互制约，相互影响，应有机衔接，培训环节存在的问题有时会影响考试质量，同理，考试环节存在的不足也会影响培训导向。

（五）行业监管力度不够

驾培行业存在的招生、收费混乱现象严重，需进一步加强监管，以维护培训市场秩序。如四川成都市驾培机构近 30% ~ 40% 的生源来自互联网学车平台，40% ~ 50% 的生源来自教练员自招，10% ~ 20% 的生源来自驾培机构招生站点。教练员基本都是单车个人独立经营，基本脱管。学员缴纳的学费除极少量给驾培机构缴规费外，其余部分均为招生点和教练员的收入。

三、近年来公安、交通部门加强培训考试工作举措

为有效解决驾驶人培训考试存在的培训市场竞争机制不健全、考试资源供需不匹配、群众学车约考不自主等一系列制度瓶颈和发展障碍，2015 年，公安部按照中央关于深化公安改革的统一部署，主动回应群众新期待，创新服务体系，联合交通运输部提请国务院出台《国务院办公厅转发公安部交通运输部关于推进机动车驾驶人培训考试制度改革意见的通知》，这是国务院首次以正式文件形式，专题就此项工作在全国范围做出统一部署。驾考改革实施以来，在提升源头教育质量方面取得了积极进展。

（一）完善管理制度和标准体系，提升源头考试教育质量

公安部修改了《机动车驾驶证申领和使用规定》，进一步严格了驾驶人考试制度。组织修订了《机动车驾驶人考试大纲》《机动车驾驶人考试内容和方法》等考试系列标准。其中，2017 年修订发布的《机动车驾驶人考试内容与方法》（GA 1026—2017），进一步强化安全意识、文明意识的考核，通过考试从源头筛选出安全文明的驾驶人。

1. 在理论考试中，突出安全文明意识的考核

在科目一中提高道路交通安全法律法规、安全文明驾驶知识考题比例，单列文明行车常识、典型事故案例等内容，从驾考伊始就倒逼驾驶人养成文明礼让、安全守法驾驶意识。

2. 在道路驾驶技能考试中，强调安全文明操作的实践

如针对实际道路驾驶过程中大量由于车辆视觉盲区导致的交通事故问题，在科目三起步、变更车道、靠边停车、超车项目中增加“回头观察”动作，培养新驾驶人良好的驾驶习惯。对于直行通过路口、左右转弯等项目中不主动避让优先通行车辆、行人、非机动车的严格执行“一票否决”，从细节动作考核安全文明意识。按照驾考改革任务分工，目前由公安部组织、交通运输部配合编制的《机动车驾驶人安全文明操作规范》已经基本完成，下一步两部委将联合推动法定操作规范的落地实施，建立培训“底线”。

（二）严把培训考试关口，提升安全文明驾驶素质

1. 提升评判规范化水平

严格落实考试项目，严格执行评判标准，做到考试过程清晰可查，严守考试纪律底线。

2. 严密考试组织程序

实现考试员和考生、驾校信息相互屏蔽，考试员随机选配，考试路线随机选取，杜绝了人为操作，做到了公平公正对待每一个驾校、考生。各地设置考试工作纪律“高压线”，明确民警违规考试发证的法律责任，一些地方对 3 年以下驾龄的驾驶人发生交通死亡事故的，倒查考试发证民警的责任。

3. 加强培训专业化水平

将大型货车纳入了驾驶人职业教育试点范围，发挥专业院校优势，提高职业驾驶人文明素养和安全驾驶技能。

2017 年 6 月，公安部、交通运输部联合部署开展文明交通进驾校“五个一”活动，在全国驾培机构联合组织推进“设立一个交通安全宣传教育阵地、讲好一堂文明交通法治课、播放一部交通安全宣传警示教育片、组织一次文明交通志愿服务、举行一场文明守法驾驶宣誓仪式”的文明交通进驾校“五个一”活动，鼓励驾校把驾驶培训和立德树人有机结合起来，在教学中秉持驾驶技能传授和文明守法素养培训并重的理念，全面提升新驾驶人素质，使之与现代汽车文明进程相适应。

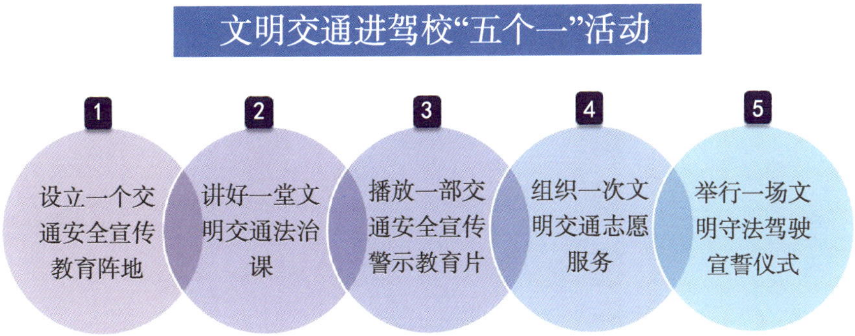

文明交通进驾校“五个一”活动

“五个一”活动实施一年来，取得了一定成效。在提升法治培训方面，黑龙江、吉林、安徽等地针对部分驾校教练员和法规讲师授课水平参差不齐的状况，组织各地法治宣教民警和聘请资深教师，对驾校负责人、教练员、法治课教师进行法治培训和示范授课。云南遴选近年演讲比赛获奖的交警担任授课讲师。在发挥基地及阵地作用方面，北京交管局与驾培行业协会加强联动，召开动员会、推进会和参观考察交流会。东方时尚驾校在北京、昆明、荆州等地建设的交通安全宣传教育基地，集法规性、警示性、知识性、体验性于一体，组织包括驾校学员在内的驾驶人参观体验，效果很好。在丰富宣传教育内容方面，上海定期为驾校职工、教练员开展交通安全宣讲，同时制作“上海交警APP”“快处易赔”“12123”二维码标签，粘贴在驾校学员课桌和教练车的醒目位置供学员扫码下载，设置相关课程和教育内容供学员熟练掌握，拓宽开展宣传教育的载体和形式。在选树先进典型方面，江苏、辽宁、贵州等地组织指导驾校因地制宜地开展“金牌教练评选”“法治课名师评选”“安全文明驾驶人评选”等系列活动。湖南总队经过层层申报推荐考评，全省共评选出20所示范驾校，进行表彰授牌。山东交管部门从全省选取了10所“五个一”活动力度大、成效明显的驾校，通过现场连线采访等方式进行宣传。

四、综合治理 群策群力 全面提升新驾驶人文明素质

新驾驶人驾驶技能的良好与否，驾驶理念的安全与否，驾驶习惯的文明与否。公安、交通等交通安全相关职能部门积极主动作为，密切协作，努力提升新驾驶人的整体素质。

综合治理 群策群力 全面提升新驾驶人文明素质

（一）强化部门联动，大力推动“五个一”工作

部局会同交通运输部运输服务司进一步指导各地公安、交通加强协调联动，完善

定期会商，切实形成合力。对“五个一”工作突出的驾校进行典型推荐，总结固化经验，推广先进做法，引导学习借鉴。驾培行业各驾校的负责人，对自身落实“五个一”进驾校工作进行客观评估，做得好的继续创造经验，有欠缺的要“后来居上”，争做“五个一”活动的“排头兵”“领头雁”。

（二）强化源头治理，大力提升驾校办学质量

严格对照不同级别驾校建设标准，集中清理一批完全不符合建设标准的驾校，并通报公安交管部门。突出信用约束，调整、完善现行法规和标准，健全驾培机构信誉考核机制和教练员信誉考核机制。继续开展教练员素质提升工程，完善教练员继续教育制度，推动教练员注册登记和备案制度，引导驾培机构选用驾驶和教学经验丰富、安全文明驾驶素质高的驾驶人担任教练员。安徽省公安机关向社会公布驾驶培训机构考试合格率、学员取得驾驶证后三年内的交通违法率和交通肇事率等信息，引导学员选择质量高、服务好的驾驶培训机构进行学习。这一做法值得推广。

（三）强化培训质量，大力增强新驾驶人文明理念

严格落实理论课程培训学时。进一步推动各地按照《机动车驾驶培训教学与考试大纲》等要求，将文明交通法治课、体验课纳入教学学时安排，严格最低课堂教育6小时学时要求，督促驾校严格落实理论课程培训学时，强化运用法治理念和文明交通理念培训，保证培训质量。建立高素质理论讲师队伍。部门联手，遴选出一批优秀理论讲师，并利用远程授课、巡回演讲等方式，推动驾校建立理论讲师队伍。强化交通规则意识的培训。通过一个个具体规则，一起起典型案例反复宣传引导，让交通规则融入每一个学员的血脉，进而发自内心地遵守，形成良好的行为习惯。强化实用驾驶技能培训。《机动车驾驶证申领和使用规定》要求，对申领大中型客货车驾驶证的，在科目二场地驾驶技能考试中，增加模拟高速公路、雨雾天、湿滑路、紧急情况处置等考试项目。在科目三的实际道路驾驶技能考试中，增加山区、隧道、陡坡等复杂道路考试。为此，驾校要相应强化上述实用驾驶技能培训。

“他山之石，可以攻玉”，在提升新驾驶人培训水平方面，我们也可以学习借鉴国外的一些好做法。在搭建系统规范的教育体系方面。近年来美国国家公路交通安全管理局（NHTSA）为提升驾驶培训水平，研究出一套拓展性的初学学员培训体系。加拿

大交通部和标准协会合作，制定了新的初学学员课程培训标准，培训标准更加突出关注“培养学员良好的驾驶态度和文明的驾驶行为”。新加坡在驾驶培训过程中重点培养驾驶人“五位一体”的文明驾车理念，要求驾驶人树立“空间”“尊重”“耐心”“预见性”与“理解性”的观念。在培养实用可靠的实践技能方面。日本要求学员在实际上车学习驾驶前需在模拟器上练习2小时。模拟驾驶结束后，教练回放学员驾驶的录像并做讲解。英国驾驶培训学校的危险感知预测课程要求学员观看一分钟的视频，视频从驾驶人视角进行拍摄，学员通过点击鼠标按钮或触摸屏幕表达他们观察到了潜在危险的发生，指出视频中出现的不文明现象，进而帮助学员树立文明驾驶、安全驾驶的意识。

（四）强化实景教育，大力开展新驾驶人文明交通养成教育

目前各地交通安全宣传教育阵地建设情况不一，二三级驾校基地、阵地建设缺失。下一步，要按照“五个一”工作要求，指导各地根据当地经济情况和驾校运营水平，坚持在市场经济行为规则和法律权限的框架内加强阵地建设。另外，让新驾驶人在学驾之初就上路观察、执勤体验、基地参观、志愿服务，对学员来说是极为重要的养成教育，但全国绝大部分地区目前相关课程未计入学时，再加上公安交管各业务部门内部沟通协调机制尚未规范，导致此项工作落实不好。下一步要推广浙江杭州等地体验活动与交管勤务安排并轨的做法，切实做好体验教育落实。

（五）强化资源共享，大力制作高水准宣传产品

部局通过连续九年开展文明交通宣传作品评比，积累了各种类别的优质宣传品，同时也组织部局作者团队，结合各宣传结点，创意策划系列主题宣传品，下发全国各地使用。仅今年以来，部局就下发各类宣传品6批次，300余个。下一步，将继续发挥社会力量，创作针对不同受众、触达内心深处、教育意识深刻的宣传产品。各地驾校无论是开展面对面教育，还是网络远程教学，都可以使用这些宣传资料，实现优质资源共享。

（六）强化媒体宣传，大力宣传文明交通正能量

部局将继续与中央广播电视总台、人民日报、新华社、法治日报等中央媒体共同策划开展文明交通媒体行动，通过专题报道、专家访谈、案例曝光、特别节目等方式，在全社会持续掀起关注交通安全，摒弃交通陋习，倡导文明交通的宣传高潮。我们每一天都在和交通违法争时间，救生命，传播越广，事故越少，为此，我们要结合全媒体时代媒介

和受众特点，进一步整合媒体资源，创新宣传手段，明理示法，把法律法规的精神、含义、要求讲清楚；明辨是非，弘扬、传播正能量；以案说法，加强警示教育。要继续发挥公安部交通安全微发布公安交管新媒体矩阵龙头作用，发挥系统内优秀新媒体账号的创作积极性，继续打造交警执法直播、权威图文解读、普法短视频等交警特色品牌。

公安交管系统内优秀新媒体账号

（七）强化社会力量，大力开展公益宣传活动

“开放、公益、安全、共赢”，是部局倡导成立的“道路交通安全公益宣传联盟”创立的宗旨，联盟成立以来已有40余家企业、组织和机构参与当中，在共建共享、协同创新的理念下，共完成了近百项公益活动。下一步，部局将继续发动联盟成员的作用，加大对新驾驶人素质提升的关注和投入。部局把公安部道路交通安全研究中心和东方时尚驾校联合制作的公益宣传教育片《让生命无憾》作为“五个一”进驾校的推荐警示片下发各地，这五则公益广告在各地新驾驶人中产生了强烈反响，收到了极佳的教育效果。

五、结语

道路交通安全工作任重道远。新时代充满着新机遇，党的十九大对打造共建共治共享的社会治理格局提出了明确要求，为我们争取党委和政府重视、协调部门齐抓共管、发动社会力量积极参与道路交通安全提供了有利契机。同时，党的十九大提出的建设社会主义文化强国、提高全社会文明程度，推进诚信建设，强化社会责任意识、规则意识、奉献意识，为我们推动培育与汽车社会相适应的汽车文化提供了有利契机。当前，全国公安交管部门正在按照公安部的统一部署，牢固树立以“人民为中心”的思想，大力弘扬“生命至上、安全第一”的理念，积极顺应平安建设的形势要求，大力提升事故预防的工作能力和水平；主动适应现代社会发展规律特点，大力提升执法管理能力水平，将宣传教育融入执法管理各环节；积极回应群众的新期待和新要求，简政放权，大力提升服务群众能力水平。

第二节　法国道路交通安全管理问题及对策

贝尔纳·马赫蒂纳日（法国）
法国内政部原副司长

贝尔纳·马赫蒂纳日先生在演讲

法国内政部原副司长，1967—1974年在法国国防部工作，曾任军备项目主任工程师，负责PLUTON核导弹信息化项目；1974—1981年在法国内政部工作，曾任国家警察总部信息技术司副司长；1982年离开公职后，开设顾问公司，负责工程师、建筑师的培训；2009年至今，担任法国综合理工学校校友会执行官。

摘　要

贝尔纳·马赫蒂纳日先生从法国的驾照制度入手，介绍了法国公民如何考取驾照以及法国的驾校结构模式等，就在法国如何当好一名驾校教练员等内容做了详细的介绍，最后还针对法国的体制性交通安全教育、驾校教练员的形成机制、车辆检测等提供了许多重要的借鉴和参考。

一、法国驾驶执照

（一）驾驶执照简史

法国的驾驶执照与汽车发展史一样历史悠久。在不同的历史时期，都有着不同的驾驶资格证明。法国于1899年开始设立驾驶能力证明，1922年正式称为驾驶执照，1972年开始建立系统的国家驾驶执照体系，1989年开始实施驾驶行为记录的积分制驾照，2013年开始建立基于生物识别系统的生物识别驾照。

法国于2018年起决定在每年新增的100万名驾驶人驾照中，置入生物识别系统，称为生物识别驾照。在生物识别驾照上，会有个人独有的指纹，还可以找到该驾驶人之前所有的驾驶行为记录。法国驾照自2013年起开始不断更新系统，并设定有效期为15年，每15年必须进行更新。通过更新记录进一步筛查驾驶人是否有过药检、违法、诚信记录等情况。

（二）汽车应符合强制性标准

许多有关汽车技术状况的标准不可以随意改变，尤其是强制性标准。在实行汽车技术状况相关标准时，一般需要提供相应的证件证明。

（三）交通法规的修订

在2016年马克龙总统政府任期内，法国对道路交通法规进行了修订。其中在道路交通安全考试方面，法国改变了原来的问卷形式和编排方式。在道路交通法规的考试中，增加了环保驾驶项目。

（四）道路交通法规考试题目类型

法国交通法规考试一般采取部分国际通用的考试题目。B类驾照接受考试的最低年龄为17岁，拿到独立驾驶资格驾照的最低年龄为18岁，此类驾照适用于超过3.5吨的机动车。

法国驾照考试有两项。第一项是交通法规考试，共有40道选择题，采用电子答题方式，该类考试人员比较多。第二项是实车驾驶考试。实车考试全部程序完成的最短时间是32分钟，考生在车上的时间至少是25分钟，考试员和考试者一起乘车考试。

（五）大型汽车驾照

法国将卡车、重型汽车、载重在7.5吨以上的、载员不超过8人的汽车驾驶证统称为C类驾照。C类驾照最低的申请年龄是21岁，驾照有效期为5年，在获得驾照之前必须要进行药检。五年内通过任何理论驾照考试的都可以免除C类驾照的理论考试，但需要确认申请人已熟练掌握道路交通运输规则，并且清楚他们应该承担的责任。D类驾照是载客汽车，要求与C类驾照基本相同，区别在于载员人数变为8人以上，最低的申请年龄是24岁，同样也会有药检要求。

二、如何考取驾驶执照

在法国考取驾照，不同于中国。首先在小学的时候，就会给学生一本小册子，告诉他们在公共道路上需要遵守什么样的规则，即“怎样做”；在初中的时候，会给他们一本书和一些练习题，即“为何这样做”；在高中的时候，会在一位道路交通安全官员的监督下，让高中生参加交通驾驶模拟器测试和具有一定难度的驾驶教育，即“必须这样做”。以上每一个时期，都要颁发相应的证书，通过一系列基础教育，为成为一名合格的驾驶人进行充分的准备。

除了将道路交通安全贯穿于全日制教育外，人们还可以到专门的驾驶学校（类似中国的驾校）学习驾驶有关知识和技能。

（一）传统驾驶学校

传统驾校是指有教学车辆、师资、场所等，通过集中授课、实车训练，完成具有一定安全资质培训活动的一种学校。目前法国的驾校主要是这种类型，这是法国考取驾照的主要途径，这类驾校学费基本一致。

（二）驾驶学校2.0

驾驶学校2.0即网络驾驶学校。驾驶学校2.0是基于网络平台的具有多种理论驾驶课程的教学机构。该类驾校与传统驾校一样，均由地方政府部门管理。网络驾校大都经营比较困难，因此政府管理部门一般对此管理较为宽松。例如法国的一个网络驾校，设有网络共享平台，下辖分布13个城市驻地，在13个分中心分别开设相应的管理机构，管理服务各地所属辖区的学驾人员。每一个管理中心至少配备两人进行管理。不难看出，管理费用会大大增加。

（三）自由选择陪练学驾

该类学驾形式主要针对自由选择陪练的学车者，是独立于上述两种类型驾校的一种考取驾照的方式。学车者在传统驾驶学校之外进行训练学习，然后进入传统驾驶学校进行驾驶考试。自由选择陪练的学车人员，因为已经在驾校外练过车，所以不会付给驾校学费，只会付给驾校驾驶考试费。法国相关法规规定，此类考生必须自带汽车去考试，同时要求自带汽车必须具备两套操作设备（变速杆、制动等），其中一套设备供考试员使用。这些要求对此类考生来说很难实现，甚至可以说政府部门有禁止此类考取驾照方式的意图。

（四）家庭陪驾学习

从学习驾驶的意义来说，这也是考取驾照的一种渠道。比如在 15 ~ 18 岁之间的年轻人，他们会在家庭成员的陪同下学习驾驶。这种渠道的好处在于能避免教学上出现的一些作弊的情况。驾驶是一种危险的行为，学驾者未来要对家庭成员负责。针对这种学驾方式，法国同意学驾者直接参加考试。

三、如何成为一名驾驶教练员

法国称机动车驾驶教练员为驾驶和道路安全教师。根据教练员的水平和能力有不同的技能认证证书，一般需要通过两个能力（教学能力和道路风险认知能力）的考试考核。

驾驶和道路安全教师的主要职责就是告诉学员如何正确驾驶及道路安全应注意的事项。要成为一名驾驶和道路安全教师，需要通过三个阶段的学习，首先通过传统的授课学习方式，获得一个能力证明，并在之后的 12 个月内接受继续教育，熟悉道路安全方面经常出现的问题，考核合格后获取第二个证明。第三个阶段的目标是成为有丰富经验的驾驶教练员，共需要进行 910 小时的培训，其中实习教学至少 140 小时，完成三个阶段的学习后，方可成为一名驾驶和道路安全教师。

四、关于舞弊假证

驾驶学校和学员之间存在舞弊假证问题。有些驾驶学校在考试器上面安装一个振动器，当考生答案正确时，振动器会发出信号以示正确，以提高通过率，这种作弊方式一旦被管理部门发现被会处以罚款。还有一种问题是买卖假驾驶执照。例如，替考人员用假身份证明考试，但证件照片、人员及驾驶证信息不符。一旦查实也会受到罚款等处罚。除此之外，还有在法国使用非洲驾照的现象，现在已经有了配套的管理措施，东欧国家制造的假驾照尽管做得非常逼真，但目前已经有了相应的识别技术。

五、车辆登记与检测

（一）车辆登记证书

在法国，车辆登记证书颜色为灰色，也称作灰卡。此证书符合欧洲汽车技术标准，在出厂时就应贴到汽车上。目前在法国的各大城市正推广适应于四轮汽车的贴纸系统。在法国我们会经常看到这种贴纸，这些贴纸各种各样、五颜六色，一般贴在汽车挡风玻璃的下方。但这种贴法本身，也会人为制造盲区，增加驾驶风险。假如有一个小孩在你面前经过，你可能看不见。

（二）车辆检测

在法国车辆的检测非常细致。汽车的首次检测，一般根据车辆类型在其行驶将满四年之前的六个月内进行，汽车检测质量的第一责任人是汽车驾驶人，而不是检测人员。车辆技术检测可以在管理部门批准的技术中心进行，车辆技术检测一般有133个检测点、100多个检测项目，基本涵盖了汽车的方方面面。根据检查情况，得出三种检测结果：完好、有问题但能行驶和有问题不能行驶。对于重型汽车的技术检测会严格许多，最后技术中心会出具各检测点是否合格的检测证书，检测不合格的汽车驾驶人将被处以罚款。

第三节　诚信是驾驶培训行业的必由之路

柳实（中国）
北京警察学院教授

柳实先生在演讲

1982年毕业于北京师范大学，现任北京警察学院教授，警务车辆特种驾驶技能战术课程负责人，中国人民公安大学客座教授。1985年以来，被学院多次派往英国、德国、法国、日本、马来西亚、菲律宾、俄罗斯等国家和中国香港地区学习汽车特种驾驶技术及安全驾驶理论。

摘　要

诚信是驾驶培训行业的必由之路，我国在驾驶人培训中仍有很多诚信问题。驾驶人教育培训与诚信息息相关。教练人员要把诚信、教学质量等有机结合起来，把驾校当成一个学校来管理。

一、什么是诚信

中国几千年的历史，最重要的一条规矩就是要讲诚信。称量自己的良心，称量自己的道德品行，称量教学质量，这就是我们的诚信。

二、驾驶培训与诚信

目前驾驶培训行业存在很多诚信问题。如驾校安装跑马机刷学时、故意遮挡监控摄像头、乱收费等。学员急功近利的心理严重，轻培训，重取证。诚信对于驾校行业来说不仅仅是安全，如吃拿卡要、偷漏学时等也是诚信问题。但现在最大的诚信问题是什么？与其说是考试问题，不如说打造名师队伍、将驾校视为学校等才是最大的诚信。

三、教育与诚信

教育过程与诚信息息相关。很多人缺乏交通安全意识是因为没有系统地学习交通法规。从小的基础教育非常重要，我们应该在小学、中学、大学进行交通安全知识教育，把交通安全知识融入九年义务教育体系当中，不能仅仅寄托于驾校的安全教育。因此行业管理部门要改变现在对驾校的管理方法和态度。当前要着力解决的是体制的问题，目前的体制仍然是重考试轻培训，应该按照学校的管理模式，按照学校教学的方式来经营驾校。如此，驾校教学的水平低、教学的质量差等问题就会迎刃而解，诚信一定会在每个学校当中成为一面旗帜。

四、人员管理与诚信

现在很多驾校从管理人员到教练员都存在着不到位的问题。驾校的管理人员没有学习过学校的基本课程，包括专业的基础课、教育学、教育心理学等。教练员也缺乏教育学基础、心理学基础、发展心理学、教学论等方面的学习。

要想解决这个问题，就需要把驾校当作一个学校来管理，当作一个学校来运行。这样的话，才能够从根本上解决问题。驾校的管理部门应该把教学大纲、教学计划按照诚信、质量、安全的要求调整提升，使我们的教学有一个跨时代的进步。

诚信、教学质量与安全是相辅相成的。比如说现在有很多规范化的管理手段，交通运输部组织修订的教学大纲与高等院校、正规学校的教学大纲大体一致。但是到了驾校，由于管理部门疏于监管，驾校并没有按照教学大纲落实教学计划，或者说没有严格地按照教学大纲实施教学计划。到了教练员层面，教学学时进一步减少。同时，大多驾校的教练员不会写教案，不会用教案，这都属于诚信问题。

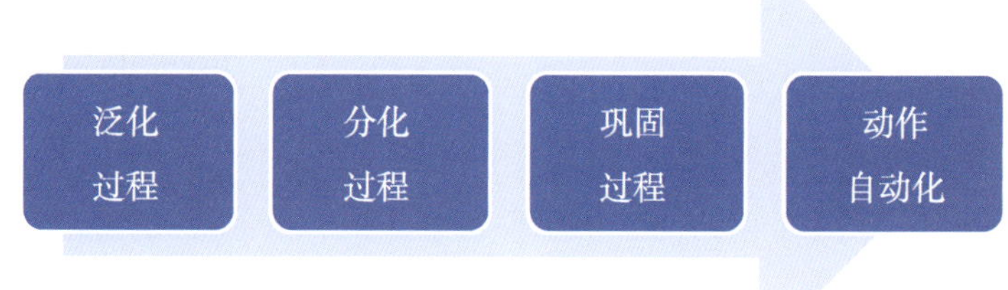

运动技能形成与发展的四个阶段

这就是本人对诚信与安全的一点看法。学习技能是有规律的，一个教练员要真正懂得教学，就要根据教学规律、驾驶技能形成规律进行教学，这样才能事半功倍，提升教学质量，最终达到诚信与安全的目标。

第四节　韩国发挥驾校作用力争减少50%交通事故死亡率

许亿（韩国）
韩国国土交通部安全顾问

许亿先生在演讲

韩国嘉泉大学安全教育培训学院主管。韩国国务总理室交通安全委员会委员兼安全顾问，韩国行政安全部客座教授，韩国国土交通部安全顾问。主要从事交通安全、交通文化、交通体系等方面的咨询研究。

摘　要

韩国总统文在寅提出五年内交通事故死亡人数要再减少50%。为了达到该目标，韩国提出了相应的方针计划，着重发挥驾校的安全教育作用，提出了改善驾驶行为、绿色驾驶等措施，并编制了全面而具体的方案。

韩国的文在寅总统在2018年对国民提出了一项目标，在未来五年之内，韩国交通事故死亡人数将再减少50%。希望全国人民积极努力，力争完成该项工作。

一、韩国近年来道路交通安全治理状况

韩国近年来道路交通安全治理状况

年度（年）	死亡人数（名）	减少率（%）
1990	12325	
1995	10323	17
2000	10236	1
2005	6376	38
2010	5505	14
2016	4292	23

从上表当中可以看出，韩国全国道路交通事故死亡人数从1990年开始一直在不断减少，自1990年起道路交通事故的死亡人数已经下降了65%。从1990年到2015年，儿童的死亡人数减少率为95%，完成以上任务的主管部门是韩国的交通部门。

二、本届政府任期内道路交通事故死亡人数减少50%目标

韩国在2003年曾提出过开展道路交通事故死亡人数减少50%的项目，但因各种原因搁浅，直到文在寅总统上任后采纳了上述建议。为落实这一行动，政府组建了项目执行委员会，由政府机关、公共事业单位、学术团体、民间机构等组成。

三、实施道路交通事故死亡人数减少50%的工作计划

为落实道路交通事故死亡人数减少50%的计划，提出具体实施时间为2019年至2020年，减少死亡人数目标为2200名。以2016年道路交通安全实施情况为基准，具体分解如下：

2019年减少1000人；

2020年减少700人；

2021年减少500人。

要完成该战略目标，主要从以下两个方面着手：

（一）驾驶行为

一是机动车驾驶人要礼让人行道（包括斑马线）上的行人。二是行人和驾驶人都应该理解并遵守道路交通指挥手势。韩国将进行大量简单基础的交通手势宣传。比如“停止、前进”，把这些手势进行统一，使行人和驾驶人都能够很好地理解，便于统一管理。例如驾驶人看到了行人的手势会立即停车。三是要开展驾驶人严格遵守道路交通标线（停止线）活动。

（二）安全乘车

韩国在减少乘车人（包括驾驶人和车辆同乘人）死亡人数方面，提出如下措施：第一，要开展全员、全道路系安全带活动，计划将系安全带的普及率从现在的70%提升到95%；第二，要开展杜绝驾驶中可能诱发危险因素活动，如杜绝驾驶中观看和收听数字多媒体广播、使用手机、丢弃烟头等一系列比较危险的行为；第三，自行车和摩托车骑乘人员的死亡人数从原来的827名减少到287名，减少率为35%，在此项政策实施之后，要达到90%的两轮车使用者佩戴安全头盔，开展杜绝摩托车不戴头盔驾驶及相关的宣传活动。

四、充分发挥驾驶专业学校作用

韩国法律明确提出驾驶执照与安全的关系，绝对不允许在驾驶培训过程中缩短教学时间。相邻国家驾驶执照新规中都有重点强化教育的内容，而强化教育也是驾驶执照制度的根本保障。中、日、韩三个国家应通力合作，加强交流，进一步加强道路交通事故、车辆故障等应急能力教育以及实际驾驶操作能力的训练。

（一）驾校要发挥地区安全源头作用

韩国的驾驶专业学校对各区域道路交通事故的减少起到了突出作用。韩国全国大约有400多所驾驶专业学校，其中首尔市以外的地区大约有160余所。每个区县至少有一所驾驶专业学校，以确保道路交通事故减少目标的顺利实现。

（二）充分利用驾校的交通安全宣传基地

韩国在驾校都建有宣传教育体验基地，并充分利用交通安全教育体验基地，每周至少举办一次与儿童、初高中学校的互动活动。

（三）高龄驾驶人驾驶适应性检测

社会老龄化是一个趋势，应重视这个群体，强化高龄驾驶人驾驶适应性测试，提出适应高龄者的驾驶策略，以提高高龄驾驶人面对交通事故的应急处置能力。

（四）绿色驾驶

ECO-Driving（绿色驾驶）是指禁止快速启动和急加速行驶等行为。当人们采取绿色驾驶时，可以维护交通安全秩序，减少环境污染，还能节省燃油费用。通过积极宣传，以部分地区的驾驶人为对象，进行 ECO-Driving 教育试点。

五、交通事故死亡人数减少 50% 的具体措施

（一）全部国民考取行人执照

作为主要道路交通参与者的行人是减少事故的重要因素。行人（尤其是少年儿童）应熟知交通事故危险因素的应对方法，并对实践能力进行量化，修完规定的课程后，颁发行人执照。

（二）加大行人违法交通治理

2011 年 12 月 30 日通过《步行安全及便利增进法案》。通过制定详细行人行走对策，具体实施法案内容，改善人行道中断等步行危险因素。每年《步行安全实践计划》制定后，要确保有足够运行的预算。在生活道路上，设置降低车辆速度的装置。将学校区域和生活道路向一般通行道路转换，并配有安全的人行道，调整或改变人行道步行者绿色信号灯的周期时间。调整后的信号灯闪烁时间 1 秒相当于步行 0.5m，当行人经过四分之三周期时间后，信号灯开始闪烁。

（三）全道路所有座位 100% 应用安全带

通过修改道路交通法，实行全道路全座位应用安全带。在高速公路的收费站，实行针对全部人群的安全带、安全座椅检查使用制度，由警察在高速公路收费站统一管理。积极开展宣传促进使用安全座椅的活动。

（四）自行车及两轮车 100% 使用安全头盔

自行车和两轮车的骑乘人员要 100% 使用安全头盔，同时对安全头盔的使用及安全性的教育要从小学开始。警察局在积极宣传安全头盔重要性的同时，也会进行强制管理。

（五）广泛开展“车辆互相监督”

韩国用了一年左右的时间实行车辆互相监督制度。市民之间互相监督，驾驶人看到身边出现违法驾驶行为时会进行拍照举报，并进行罚款。在这种制度的作用下，两年之内交通事故死亡人数减少了 3000 名。

（六）实施地区汽车保险费差异化制度

韩国的经济发展不均衡，经济状况较差的地区与经济状况较好的地区实行相同的保险费是错误的，因此实施了地区汽车保险费差异化制度。

六、韩国减少儿童交通事故的雅加达案例

韩国进行了一系列国际交通安全合作的研究项目。通过收集、分析雅加达、日惹地区儿童交通事故案例，进一步了解雅加达州政府的工作现状，最后再亲自去上学路上进行儿童乘坐摩托车安全帽佩戴情况及实际危险发生可能性的调查。结合父母、老师的交通安全问卷调查，形成本地区儿童交通事故发生可能性及预防措施的蓝皮书。

其次是关于儿童道路交通安全专业人才培养的项目。在加札马达大学交通系为培养道路交通安全专业人才的研究生提供支持。培养的方向主要为从事从幼儿园到小学再到高中的道路交通安全教育。让孩子们对交通安全有一定的认识，特别是完成了幼儿园、小学交通安全教材等八种教科书的编写与普及。

韩国减少儿童交通事故方法的雅加达事例

开展提供儿童安全帽的安全佩戴活动。每年韩国将无偿提供2000个儿童安全帽，三年之内合计将提供6000个。让安全帽在学校当中使用日常化、义务化，并以儿童、家长为对象进行交通安全教育，尤其是对于家长、教师以及所有孩子身边人群的安全意识教育。最后，要培养孩子们的父母成为老师。韩国与雅加达的经济厅、警察厅、教育厅等互相联合，进行宣传，每两至三个月举行一次交通安全会议。

第五节　在中国开车不容易

官阳（中国）
公安部道路交通安全研究中心特约专家

官阳精彩演讲视频

官阳先生在演讲

公安部道路交通安全研究中心特约专家、3M中国交通安全系统部首席交通安全教育与政策联络官。在利用交通控制设施实施驾驶行为干预、预防交通事故、缓解交通拥堵，以及智能交通、车辆管理等领域，有较丰富的国际技术视野和理论实践知识，是我国道路交通软安全技术发展的主要推动者之一。

摘　要

从交通控制技术的认知角度，立足于人因和驾驶任务等基础交通安全技术概念，揭示中国交通安全的发展状态与需求，探讨构建全民道路使用行为干预体系的技术路径。同时呼吁建立行业和社会共识，优化驾驶人训练内容，完善现行违章行为惩教结合的做法，从娃娃和家长入手发动全民用路行为规则意识的灌输工程，再造交通安全教材和基层社团，以及研究利用新技术提高驾驶行为干预能力等，最终使交通安全得到不断改善。

在中国开车不容易，大家都有体会。为什么？因为中国用不到 20 年的时间走了发达国家 100 多年的路，机动车快速地进入了老百姓的生活，到今天为止，机动车驾驶是人类所能进行的移动速度最快的运动。所以它对人的能力提出了非常大的挑战，几乎冲击了整个社会空间。

一、从交通控制的技术角度看现状

（一）道路基本条件差异

同样是在下雨，在上海的道路，北京北五环的道路，还有美国新泽西一条普通的道路上，可能存在许多差异。这种差异就是国外的道路上大都看不到积水并保持交通标线清晰可见，而中国的路面因积水太多导致看不到交通标线，进一步说就是中国的道路排水系统没有做好。我们的汽车发展速度太快了，但道路交通系统的发展速度却跟不上。尽管我们划设三条车道，各行其道，但在下雨时实际上是句空话，驾驶人找不到自己的行驶轨迹，如何确保安全驾驶？

（二）行人交通素养差异

日本人过马路的方式是举着手，站在路肩上，再三确认后才过马路。而中国式过马路是凑齐一波人就往前走。比较可见，中外行人的交通素养存在差异。中国人的交通安全基本素养目前还没有培养起来，以至于对机动车驾驶人来说，道路环境感知状况完全不一样，交通风险加大。

（三）对交通规则的尊重程度

具有非机动车性质的电动车擅自进入机动车道闯红灯，行人闯红灯现象大量存在，这些都是因为法律意识的缺乏。

（四）效率、安全需求、技术条件的认知差异

据统计，我国高速公路总里程为 13 万公里，是世界上最庞大的高速公路网。我们可以随机抽查行车记录仪上的夜间记录（如京沈高速公路、京沪高速公路等）。尽管记录仪的分辨率比人眼要好，但基本上是漆黑一片，准确记录行驶在道路上的状况还远远不够。即便白天随机抽查，与夜间也有类似的情形。如果道路提供的信息错了，人在发

现自己犯错误以后会下意识地踩刹车，这是不以人的意志为转移的，即诱导行为错误。100 个人中有 1 个人判断错误就会出现问题，这种道路的流量每天达上万辆，几乎天天出现事故，地上全是急刹车印迹。到今天为止，在很多基本的安全认知、控制技术上，我们的认识是不充分的。

二、道路交通安全领域人因三大公理

（一）人因三大公理

美国之所以存在车道、标线等国家标准的差异，主要原因在于道路交通安全领域存在人因三大公理：

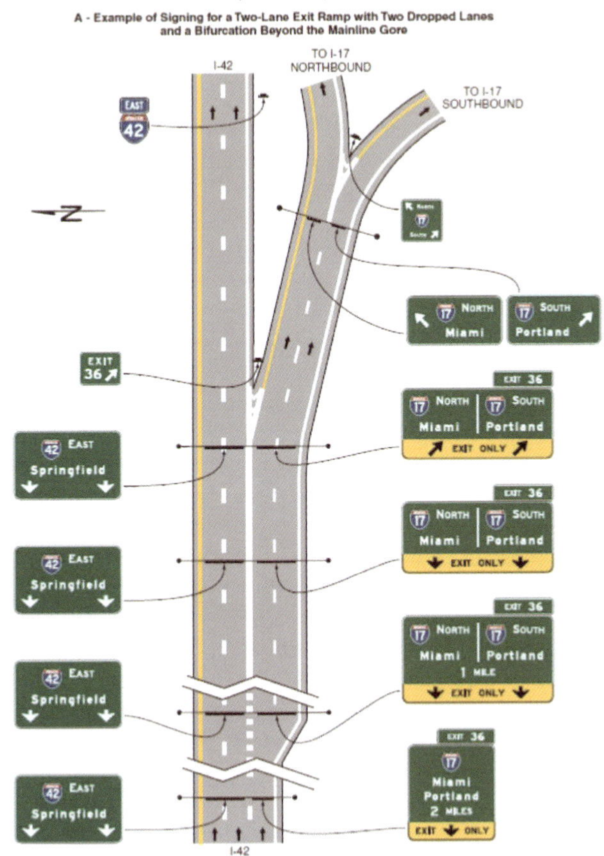

道路交通标线与人因三大公理

六秒公理：道路应该给驾驶人充分的时间；

视区公理：道路必须给驾驶人安全的视区；

逻辑公理：道路必须遵循驾驶人的认知逻辑。

在道路交通各大元素设置中建立以人为核心还是以道路为核心的交通信号视认系统，是摆在我国道路交通安全面前的重要课题，即交通工效学问题。只有建立以人为核心的交通信号视认系统，满足驾驶人的心理需求，才能最大程度减少视认错误，提高道路交通安全水平。

（二）容错空间

美国高速公路设有容错空间，通常设置在路侧。假如设计时速为 90 公里时，路侧有 2 米左右的容错空间，足以让很多紧急情况得到缓解，事故可以避免。与美国相比，我国的高速公路建设可能只做了一半，还有一半没做，或者说做错了。如我国的省道、县道等，路侧全是树，撞上就是严重事故。为什么会出现这种情况？并不是我们故意要做错。一是我们国家接触汽车社会的时间太短，只有 20 多年，导致交通管理技术支持、驾驶人培训与资源都不成熟。二是管理者整体安全技术意识尚待提高。三是民众安全意识尚待提高。

（三）驾驶技能是职业技能还是生存技能

倒推 30 年，驾驶技能基本上是职业技能，没有作为生存技能。但目前老百姓似乎人人都要会驾驶。我国 4 亿多的驾驶人是什么概念？全球才 70 亿人，地球上每 20 个人中就有 1 个是中国培养出来的驾驶人。道路使用规则意识需不需要长期灌输？刚才说到了安全意识，安全意识更多的是一种自我保护意识，而规则意识则是公共意识。如果没有公共意识，也就是意识里缺失了可能导致别人风险的意识，这种风险到达一定的极限，就要构成危险或生存临界状态。从这个角度看，驾驶技能则变成了生存技能。

（四）落后的基础技术概念

美国从 1956 年开始建公路。我们国家为何常常与美国比较？因为美国有 3 亿辆车，600 多万公里的公路，与我国相近，具有可比性。但差距之大，难以想象。首先是美国 1956 年公路建设占 GDP 的比重为 2%,而我国 1996 年公路建设占 GDP 的比重接近 2%,

从年限看中间正好差 40 年；其次是美国 1966 年出台全国性道路安全法，我国 2003 年出台道路交通安全法、2007 年第一次修改，也差了 40 年；我国改革开放后出国学习 40 年前国外走过的道路交通经验，再来指导我国改革开放后至今 40 年的道路交通发展，其效果可想而知。

仅仅从交通标志来看，就可以发现我们的认知还差得很远。直到今天，我们的标志标线标准还有错误，还在不断完善的过程中。存在错误的道路交通标志标线，加上驾驶人被动学习或抵触心理，其结果难以想象。在这个发展过程中，20 年前的驾驶人现在需要回炉再教育，他们可能连现在的很多标志都看不懂了。

三、人因与驾驶任务

（一）体育运动员的训练方式是不可复制的

人类在高速运动下，其感知能力、反应能力、操控能力等都将遭遇挑战。怎么改善？我们国家的跳水运动员做得很出色，但是中国跳水运动员的训练方式是独一无二的，是睁着眼睛跳水。在坠落的过程中一直在寻找参照物，在快速移动过程中训练你的眼球，来提高他的感知能力。速度越高，刺激越大，进步越快。

（二）车辆可控制取决于什么

在交通控制领域，车辆从可控制到碰撞之间有一个失去控制的过程。车辆可控制取决于什么？一是驾驶人的能力。驾驶人的能力虽然以驾驶证为基本资质，但实际上人与人之间的差异是很大的。网络上有很多视频说女驾驶人怎么样，男驾驶人怎么样，其实这是正常现象。二是驾驶任务的需求。驾驶任务的需求是不以人的意志为转移的，取决于实际道路。驾驶任务需求超过了驾驶人的能力，车辆就会失控。失控是否一定会发生碰撞？不一定。如果道路设有道路容错空间就可以避免碰撞。

如果寄希望于人的能力解决所有道路交通安全问题，那么就要从“地板”开始考虑，而不是从“天花板”开始考虑。换句话说，就是培训驾驶人，不是仅仅以取得驾驶证为目的，而是以实际道路交通安全需求为准。

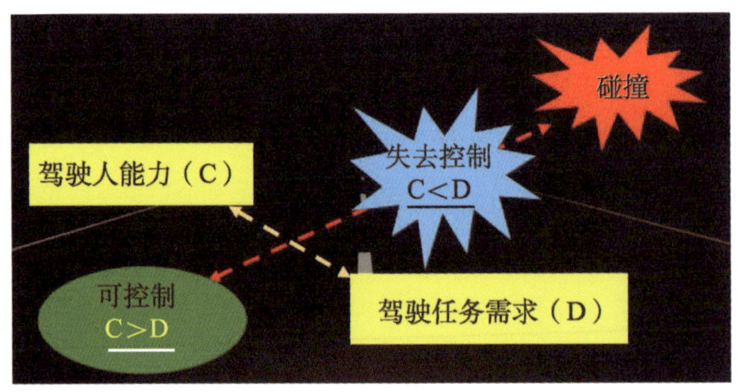

驾驶任务需求与能力接口模式

（三）道路交通安全管理需要的基础共识

道路：道路是危险的，没有绝对安全的道路，但是有越来越安全的道路。

人：能力有限是道路使用者的共性，人不可能不犯错误，但是可以少犯错误。

管理：道路交通管理的第一措施是控制，控制与执法是两件事，执法不能替代控制。

（四）人因核心：人的天性

驾驶与生活具有许多相通的特点。一是人往往有高估自身的能力。人为什么会超速，人为什么会被淹死？都是高估而为。二是图省事。两点之间一定走直线，为什么会斜穿马路，马路太宽，斜着穿越最近。三是喜欢自由。开车的时候为什么会来回来去乱开，喜欢自由。这都是交通工程要考虑的东西。四是生命脆弱。人在具有这些天性之后，驾驶就变成很危险的行为，道路也变得很危险，但人并没有具有相应的能力。

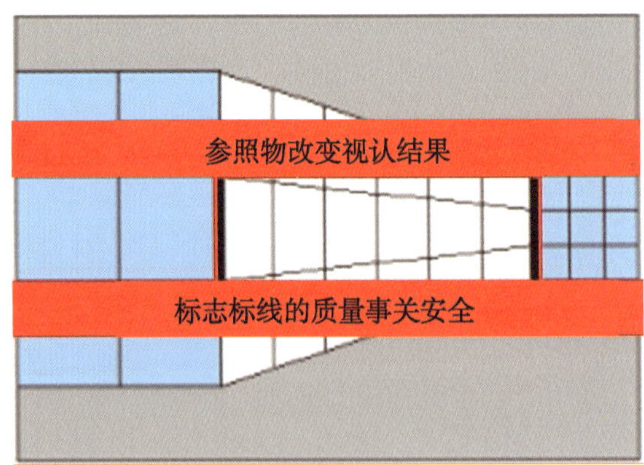

视错觉的修正

上图中两条黑线一样长吗？这需要反应时间。可60公里时速一秒钟17米就过去了。再如下图好像是一样的，但又不像，这是旁左错觉。换一个参照物再看，两条线完全一样。在驾驶过程中眼睛会骗人，特别是在移动过程中，你搜索到的视区质量，搜索到的所有的信息会影响你的判断力。这种没有交通控制措施的道路，会加大驾驶人搜寻有效信息的难度。

没有交通控制会加大搜寻难度

（五）如何减少人犯错误的机会

应注意以下几个概念：

约束：驾驶培训与考试就是一种约束，让你记忆很多题目，记录很多东西，强化许多内容。

惩罚：交通违法处罚就是一种惩罚，如果触犯就会得到惩罚。

积极引导：在交通安全领域，有一个非常重要的技术概念叫积极引导。积极引导指的是什么？如果我们不能始终在危险时保护驾驶人，我们就必须向驾驶人提供足够的信息，让驾驶人能自我保护。引导级的信息呈现，需要明确地、不模糊地、足够明显地满足决策视距的指标要求，以提高对速度和路径选择的科学决策性，避免危险。

某日本企业在门口设置的标识

人的主观行为特点：提供参照标准才能遵照执行，深悉危险才会懂得避让。如上图所示，某著名日本企业在中国的办公楼梯和走廊都制定了标识，告诉人们如何走路。在驾校里也要有这样的布置，要让人知道在哪里走路，驾驶人在哪里开车。良好的道路视区设计被称为“视区管理”。道路使用者和道路之间是信息处理系统，道路使用者处理信息的质量越高，道路使用行为的质量就会越好（如下图）。

提供运动行为参照物是管理人流的基本途径

四、全民道路使用行为干预体系的技术路径

同样是走路，大家会觉得不一样。我们要想办法在全社会范围内让人们建立起使用公共资源的规则意识。一是需要建立交通行业和社会的共识；二是新驾驶人训练的优化工作；三是优化对违章行为惩教结合的做法；四是从娃娃和家长入手发动全民用路行为规则意识的灌输工程；五是再造交通安全教材和基层社团；六是利用新技术提

高驾驶行为干预能力的思路。

（一）建立共识

确保在驾驶行为的关键点上进行明确标识，并使驾驶人清晰地察觉关键点。有了基础共识，人们才会学会保护自己。中国是自行车王国，却有很多共享单车没有配前灯、后灯、车铃铛。这是最基础的安全需要，可偏偏没有。道路上的安全信息有 90% 靠视觉，10% 靠听觉，驾驶人及所有道路交通参与者都需要安全关键点的明确标识。

（二）新驾驶人训练优化

新驾驶人的训练优化，应该从人因、驾驶任务和交通控制技术的角度对教材和培训进行优化，破除应试教育的思维模式和训练方法。这是一个制度问题，完全可以改好。德国平均每 1900 人就有一个职业教练，一个职业教练要训练 1500 个小时才能拿到教练执照。这是一个漫长的需要努力的过程。现在驾校市场环境不好是因为没有形成共识，没有把驾驶车辆上路的危险性在全社会上认识清楚。我们总认为人定胜天，人是万能的，这是错误的。

（三）惩教结合

我们有大量“老年驾驶人”需要再教育和知识更新，因为其中的违法群体巨大，交通规则、标志标线都在不断地改善。在这方面，英国有一个做法。英国超速接到的罚单是要么缴纳罚款，要么上课。选择上课就不用缴纳罚款，“二选一”。在上课过程中，大家坐在一起谈一谈，终身受益，这个过程不完成，路上就是大量的马路杀手。

（四）规则意识从娃娃抓起

用路行为规则意识灌输应该从娃娃和家长入手。目前这是最活跃和将来最活跃的道路使用群体。这个群体在学校的时间有 6 年，不进行交通安全教育，非得等走上社会再去教育，这是不对的，浪费了大量的社会资源。在学校只要做好规划，就可以培养更好的教师。美国的安全上学路教育，家长教孩子自己在社区里走一遍上学的道路，知道自己该怎么过马路。一次教育，终身受益。

（五）编制交通安全教材与基层社区安全教育

生活在这个城市里所有的交通特别标志，例如每个社区的交通安全设施是什么样的都应收集、整理、编辑起来，用于基层社区学习使用。通过普及教材的编写宣传，按照年龄分组，针对本地区尤其是本社区，来完成世界上将近 1/5 人口的交通安全教育，将有非常大的意义。

（六）利用新技术提高驾驶行为干预能力

利用新技术提高驾驶行为干预能力不是淘汰驾驶人。许多人说以后都自动驾驶了，驾校就不存在了，这是不可能的。道路交通信息千变万化，从技术上干预驾驶人的驾驶能力具有前瞻性。如手机软件的安全干预系统，拿着手机只要打开导航软件，就能干预驾驶行为。真实路况设计、看标线走路、用机器视觉优化人的视觉能力等都可以改善驾驶安全，按提示路径行车都属于干预人的行为。

第六节　我国新时代下机动车驾驶人培训考试问题解析与对策

周志强（中国）
公安部道路交通安全研究中心驾驶人安全研究室副主任

周志强精彩演讲视频

周志强先生在演讲

公安部道路交通安全研究中心驾驶人安全研究室副主任、副研究员，中国心理卫生协会交通分会委员。主要从事驾驶人安全管理政策、法规和驾驶人培训考试研究。

摘　要

分析我国驾驶人结构特征和发展趋势，回顾驾考改革实施成效，剖析我国当前驾驶人培训考试存在问题以及新时代驾培驾考行业面临的形势和挑战，提出对策意见。

一、我国驾驶人发展态势

（一）处于驾驶人发展期，未来增长空间较大

（1）我国机动车驾驶人保有量大，居世界首位。截至2017年年底，我国机动车驾驶人数量已达3.85亿人，相当于平均每3个驾驶适龄人口中就有1个驾驶人。我国驾驶人保有量远超其他国家，居世界首位。

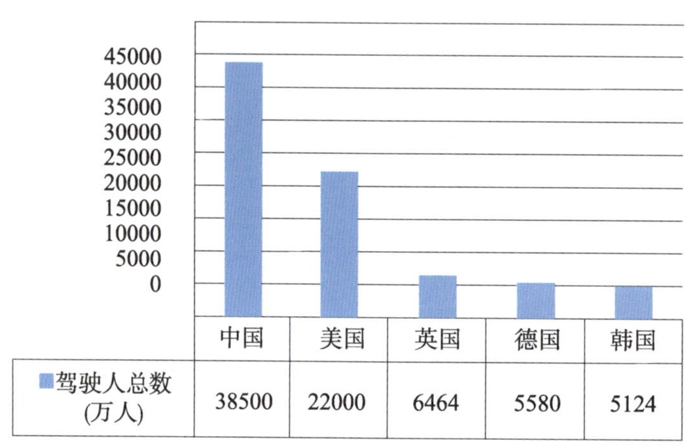

	中国	美国	英国	德国	韩国
驾驶人总数（万人）	38500	22000	6464	5580	5124

不同国家驾驶人总数对比

（2）驾驶人增速快，渗透率不高。近几年，我国每年新领证驾驶人基本保持在3000万左右，相当于每分钟有57个新驾驶人拿到驾驶证；对比每年新出生人口，每分钟新领证驾驶人的数量几乎为新出生人口数量的1.7倍。驾驶人近年年均增长率约为8%，远高于美、德、韩等国家。

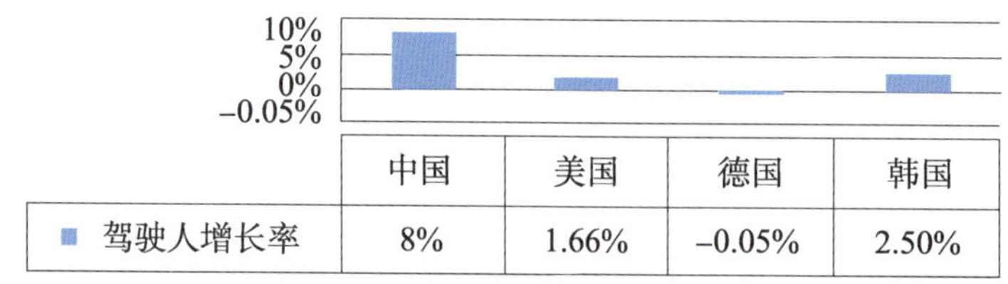

	中国	美国	德国	韩国
驾驶人增长率	8%	1.66%	-0.05%	2.50%

不同国家驾驶人增长率对比

目前我国驾驶人渗透率（驾驶人数量占总人口比例）为27.1%，明显低于英国、美国、德国等典型发达国家。

（3）整体处于发展期，未来增长空间大。我国驾驶人数量实现第一个1亿的增长用了54年，实现第二个1亿的增长用了7年，实现第三个1亿的增长仅用了4年，驾驶人快速增长趋势仍在持续。

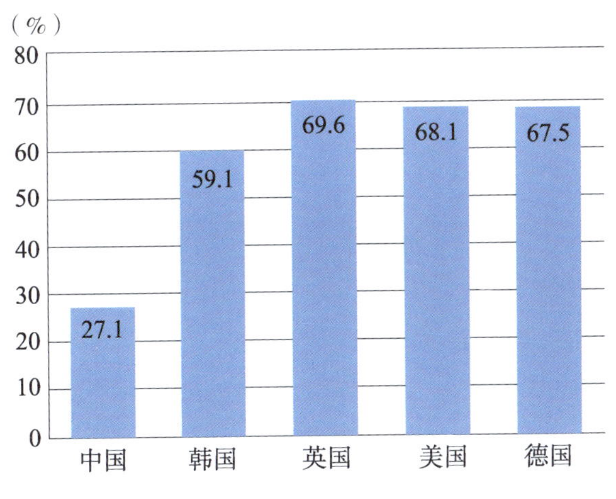

不同国家驾驶人占总人口比例

如果将驾驶人的发展划分为三个阶段：初始期（渗透率低且增量小）、发展期（渗透率低而增量大）、平稳期（渗透率高而增量小），则发达国家已经进入了平稳期，而我国整体尚处于发展期，未来仍有较大增长空间。

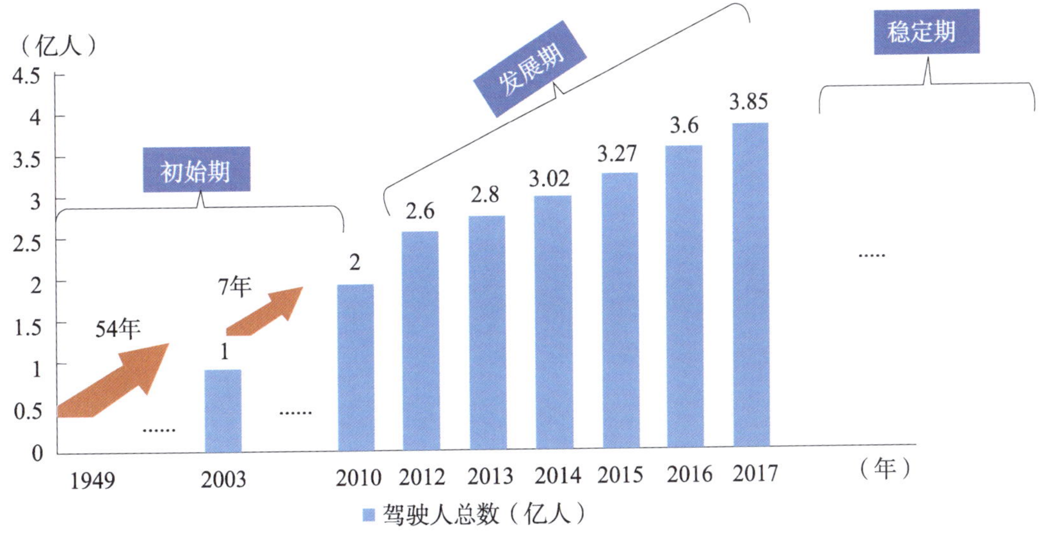

我国驾驶人数量发展进程

（二）驾驶人分布不均衡，“后起之秀”潜力巨大

我国不同地区之间的驾驶人发展程度存在较大差异，东部地区驾驶人保有量大，增长速度逐渐放缓；中部、西部地区，机动化起步较晚，驾驶人保有量总体较低，但近几年驾驶人数量迅速增长。2016 年我国中部和西部地区驾驶人平均增长率分别为 10.5% 和 11.0%，远远超过东部地区 7.5%。

（三）发展呈现分类化差异，自动挡驾驶证增幅不断扩大

（1）不同车型驾驶人呈现“此消彼长”的发展趋势。汽车社会的不断发展，特别是先进驾驶技术的发展，使得小型汽车驾驶越来越简便，加上新能源汽车的推广和车辆购置税减免等优惠，越来越多的家庭拥有属于自己的小型汽车，这也间接推动了小型汽车驾驶人群体的不断壮大。从近五年驾驶证申领情况看出，小型汽车驾驶人（准驾车型为 C1 和 C2 类驾驶人）依然保持非常高的增长态势。

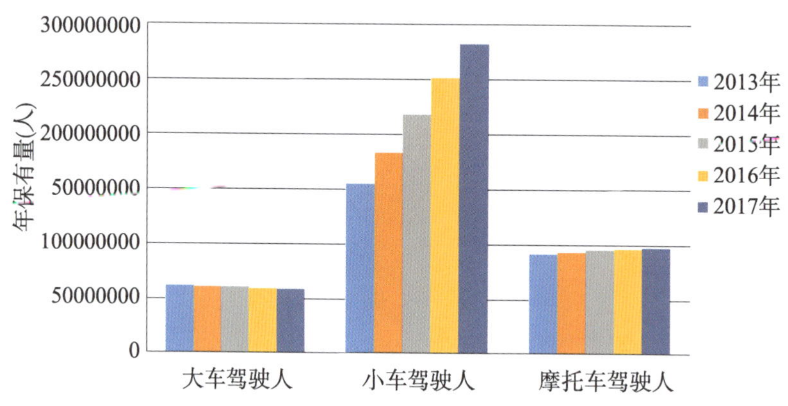

2013—2017 年各类驾驶人保有量变化

（2）持 C2 驾驶证人数持续上升。随着技术的不断发展，新能源车的不断普及，汽车自动化和智能化成为主流趋势，持有 C2 类驾驶证的驾驶人每年增长数量持续上升。越来越多的人会根据实用性需求而选择学习自动挡小型汽车驾驶证，预计 C2 类驾驶证在未来会保持较高的受欢迎程度。

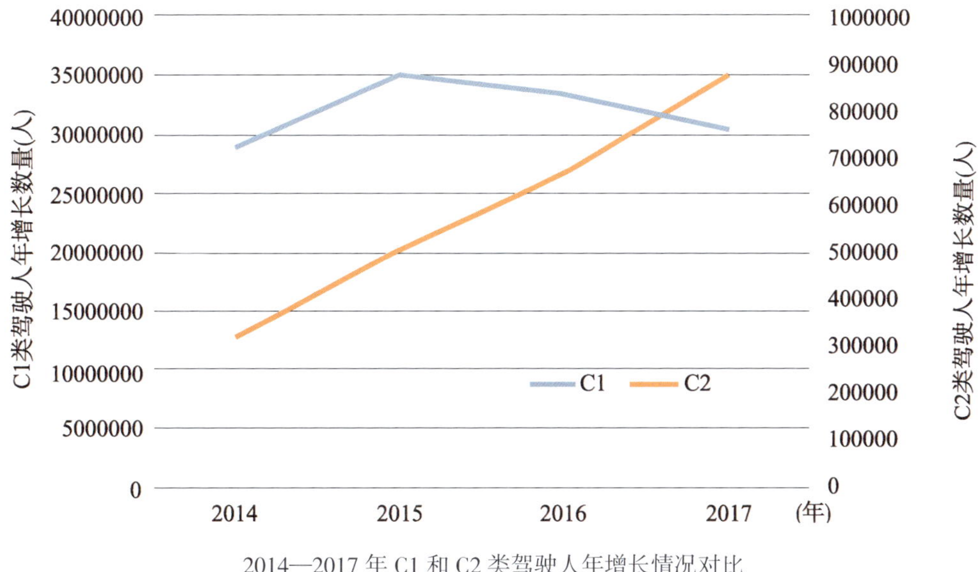

2014—2017 年 C1 和 C2 类驾驶人年增长情况对比

（3）C2 类驾驶证持有人群中，女性所占比例越来越高。自动挡汽车由于其本身操作方便、简单易学、舒适性强，受到女性驾驶群体的青睐。再加上现代社会女性独立性强，独立交通需求高，女性学车热情愈发高涨。数据显示，在持有 C2 类驾驶证的驾驶人中，女性的数量越来越多，所占比例也越来越高，且预计新时代下，这一趋势还将继续保持。

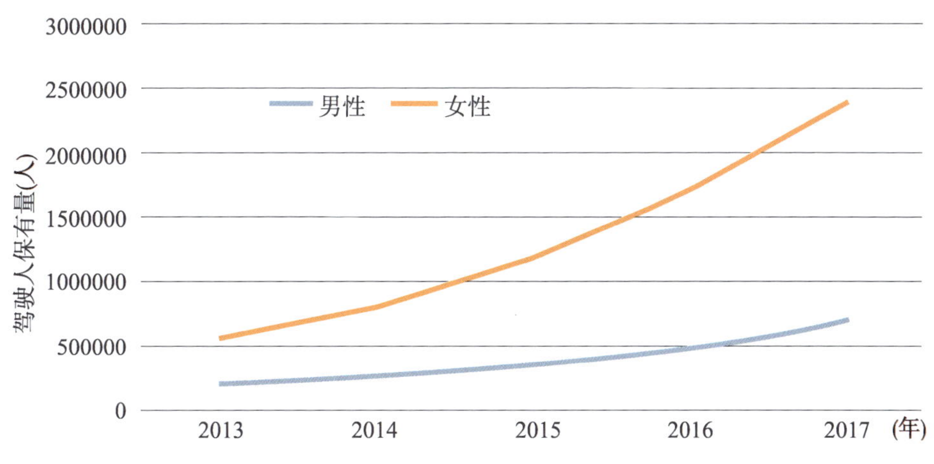

2013—2017 年不同性别 C2 类驾驶人变化情况

（四）驾驶人年龄两极化发展突出，“年轻”“银发”群体增势明显

我国驾驶人的低龄化已成为趋势，近五年来，18 ~ 20 岁的低龄驾驶人数量年均增幅为 7.4%，预计随着机动化的快速发展及汽车的不断普及，未来我国低龄驾驶人数量将继续保持稳定增长。

同时，截至 2017 年年底，超过 60 岁的驾驶人约有 1100 多万人，中国驾驶人老龄化趋势开始显现。目前我国 51 ~ 60 岁的驾驶人占比约为 12%，未来十年中，这部分驾驶人将逐渐步入 60 岁，加上我国小型汽车驾驶证申请年龄上限调至 70 岁，未来我国驾驶人老龄化趋势将愈加凸显。

（五）与时俱进自我革新，积极拓展共同施策

驾驶人的发展用了十年左右的时间，走过了国外半个世纪的发展历程，实属不易。特别是前几年出现考试舞弊、部门利益、考试不规范等问题，阻碍了驾驶人的发展。但能以问题为导向，从公安部 71 号令到 139 号令，对驾驶人考试和培训，进行了循序渐进、层层深入的探索与改革，无疑对推动我国经济发展起到了保障作用。

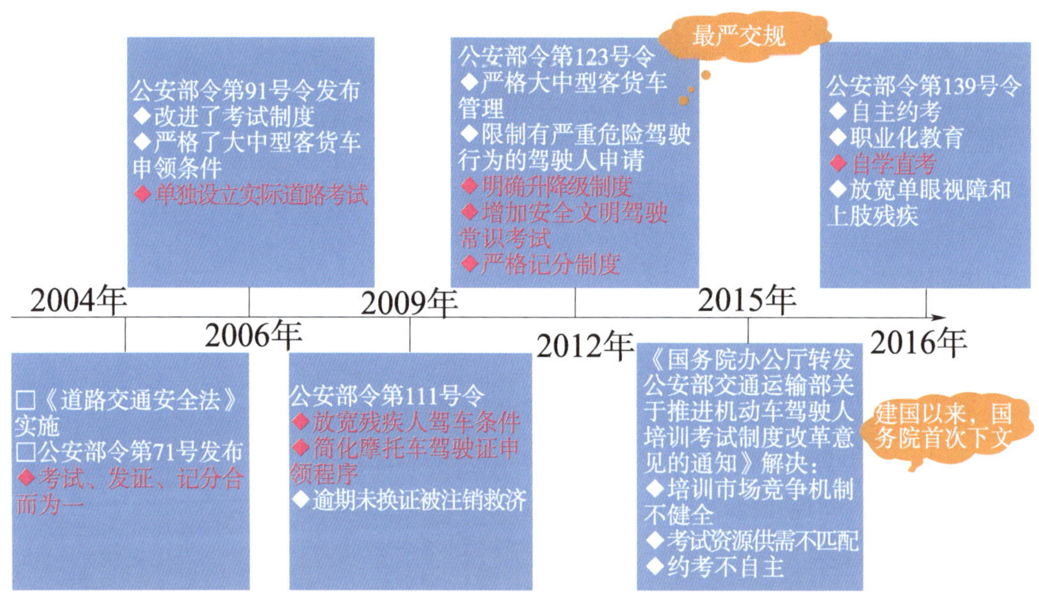

驾考制度改革历程

二、我国驾驶人培训考试主要问题解析

目前，培训考试领域存在的问题，已成为新时代驾驶人培训考试工作的新挑战。具体体现为四个不适应：一是法规制度设计未能满足驾培素质教育与规范化教学的需求；二是监督管理未能满足推进驾培行业自律诚信发展的需求；三是培训考试方式未能满足筛选合格驾驶人的需求；四是驾驶人基础理论研究未能满足制度政策完善建设的需求。

（一）法规制度设计未能满足驾培素质教育与规范化教学的需求

规不足循——法定操作规范长久缺位，培训规范化指导不足。由于安全驾驶操作规范的缺位，驾培行业缺乏教育培训和统一纲领，仅依靠培训大纲制定的原则性要求开展培训，对驾驶操作细化准确度不足。教练员素质参差不齐，部分地方教练员的驾驶经验成为驾校的教学标准，部分教练员将不良驾驶习惯传递给学员，导致部分“带病”驾驶人进入社会。

（二）监督管理未能满足推进驾培行业自律诚信发展的需求

管不达效——驾培行业诚信体系不完善，监管落实效果不佳。现有管理制度落实不到位，造成驾校监管不到位，《机动车驾驶员培训管理规定》要求各级道路运输管理机构加强对机动车驾驶培训经营活动的监督检查，但对检查周期未做明确规定，监管流于形式。教练员队伍监管不到位，多数驾校对教练员选聘较为随意，《机动车驾驶员培训管理规定》通过处罚驾校来变相约束教练员行为，威慑力略显不足。

驾培行业诚信制度尚不完善。缺少行业信用体系以及联合惩戒机制的有效约束，驾培机构只能依靠行业自律和自身社会责任规范经营行为。部分驾培机构为追逐利益，出现培训学时造假、应试培训、挂靠经营现象，或者使用“低价倾销”“捆绑收费”等手段扰乱正常的市场秩序。

（三）培训考试方式未能满足筛选合格驾驶人的需求

（1）时不胜任——全生命周期驾驶教育机制缺失初学时间不足以规则意识养成。只有经过较长时间连续不间断的驾驶学习和基本驾驶技能反复训练后，驾驶水平才能不断提高，良好的驾驶习惯才得以固化。澳大利亚要求 25 岁以下驾驶证申请者最短培训周期为 1 年（即通过理论考试到参加技能考试的时间间隔），加拿大最短培训周期为 275 天（自学途径则需要 365 天）。我国培训周期较短，达不到意识和习惯养成的基本要求，实际调研发现驾校毕业学员中没有接受过任何理论培训的约占 26%，场地驾

驶技能培训学时不足的约占 38%，道路驾驶技能培训学时不足的约占 59%。

与发达国家健全的驾驶人教育机制相比，我国驾驶人教育无法覆盖驾驶人驾驶生命的全周期，不能保证驾驶人在基本驾驶技能掌握后的经常性练习和强化。如果驾驶人持证后没有因违法记分满分或发生交通事故而再次学习，初学培训几乎成为其终身唯一一次全面学习交通安全知识和驾驶技能的机会，终身教育体系缺乏。其他国家无论是渐进式驾驶证制度设计还是日常的强制性再教育都有力地促进了良好驾驶意识、驾驶习惯的养成和保持。

（2）学不实用——驾驶培训应试教育现象普遍，培训和实际驾驶脱节。以 2013 年新驾驶人群体为例，新驾驶人在持证第一年肇事导致的交通事故起数及死亡人数最高，随着驾龄的增长逐年递减至稳定水平。

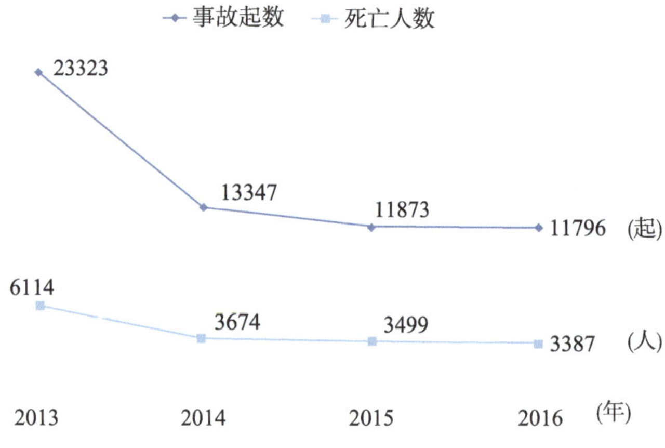

2013—2016 年新驾驶人群体交通事故变化趋势

新驾驶人并未在驾校培训期间习得足够安全熟练的驾驶技能。主要原因是只培训考试会考的内容，导致驾驶人对驾驶核心技能的理解与掌握程度有限，无法学以致用，更缺乏敬畏法律、尊重规则的核心意识。针对驾驶人对交叉路口交通标志标线的视认情况和让行态度抽样调查结果显示，39.2% 的驾驶人不认识人行横道预告标志，30.9% 的驾驶人虽然认识标志但不会留意，不遵守减速让行规定。

（3）考不达标——考试评判无法反映驾驶技能全貌，安全意识评判弱化。目前驾驶人考试评判中，科目二为自动评判，科目三道路驾驶技能考试以自动评判和人工评判相结合的方式进行。其中自动评判的项目多为操作技能类，人工评判项目多为安全意识类。而部分地区公安交管部门由于一定原因，弱化了道路考试人工评判项目，有的自动评判也存在需要完善之处，这更加助长了应试教育之风。

（4）驾不能达——群众境外驾车需求激增，驾驶证国际化水平有待继续提高。近年来，人民群众对出境旅游、留学、商务、探亲等持中国驾照实现境外驾驶需求不断激增，相关统计显示，2016 年我国仅境外自驾游就已达 407 万人次，是 2013 年的 29 倍。能够持中国驾照境外驾车，已成为国人的热切期盼和急迫需求。提高我国驾驶证国际化水平，不断满足人民群众日益增长的海外驾驶需求是顺应时代形势的良好践行。

（四）驾驶人基础理论研究未能满足制度政策完善建设的需求

根不足牢——驾驶人基础理论研究缺乏重视，政策科学支撑不足。做好驾驶人培训考试工作，需要有完善的基础和实验研究做支撑。我国长期以来对驾驶人相关基础研究不够重视，学科建设、人才培养等都跟不上驾驶人发展趋势的要求。鲜有高校设置驾驶人研究直接相关专业，相应的学术成果也相对缺乏。驾驶人基础研究发展严重滞后，无法对我国驾驶人管理政策的制定和完善形成有效支撑，制度的出台主要依靠经验借鉴和管理实践经历的总结，科学性、针对性尚需提高。

三、我国驾驶人培训监管面临的新形势、新挑战

（一）行业管理部门管理难度更加复杂和艰巨

放管之间，如何放的同时也能管好，既能服务好又能推动行业向着良性的方向发展，考验着管理部门的智慧和水平。取消教练员资格证等系列政策调整，可能面临着驾培行业门槛将进一步降低、市场恶性竞争等一系列问题，驾培行业缩减培训学时、应试教育以降低经营成本可能出现强烈反弹，给监督管理工作带来巨大挑战。针对可能出现的风险和问题，行业管理部门应提前在配套制度、监管细则、考核评价、监管技术手段、人员配置管理等方面应做好设计和防范应对。

（二）驾培经营主体面临更加激烈的市场竞争

国办发〔2015〕88 号文已经将驾培市场进一步放开作为意见正式提出，驾培市场将进一步放开，行业从业者经营理念要主动适应管理部门监管理念的转变，强化内功，

积极作为，应积极完善企业安全管理制度、建立健全培训监管和计时系统，严格执行培训大纲教学内容，建立企业内部诚信经营自查制度等。同时要做好市场消费转型升级准备，驾培市场生力军已经以00后为主，他们对个性化、自由化生活方式的追求，对驾培行业提供多元化的服务提出了更高要求。驾培行业下一步面临的市场竞争，将从单一的“价格”竞争，转化为“口碑”“品质”之争。

四、我国驾驶人培训考试发展对策

必须充分认清发展形势，在准确理解和把握四个“不适应”的基础上，不断迎接新时代的挑战，打造驾驶人培训考试工作新面貌。

（一）行业更加规范化

推动法定操作规范实施，赋能培训考试统一融合。按照驾考改革任务分工，由公安部和交通运输部联合编制的《机动车驾驶人安全文明操作规范》已基本完成。下一步将联合推动法定操作规范的落地实施，建立培训“底线”，全面解决培训品质和效率差异过大问题。届时还将联合相关部门，根据驾驶人技能形成和意识养成规律，研究制定驾驶人规范化培训标准，提高培训规范化水平。

（二）市场更加诚信化

加快推进培训市场信用体系建设，打造培训信用经济。未来驾培行业需要加快推进建设以诚信为核心的行业监管体系，切实将培训市场经济打造成信用经济，倒逼培训机构落实主体责任。建立驾培行业信用机制并融入社会信用体系。多部门联动，完善严重失信主体联合惩戒。加强驾培行业价格信用建设。

（三）治理更加科学化

建立科学的培训质量评价及管理机制，加强社会协同共治。完善在训学员以及3年内毕业学员交通违法率和事故率、学时落实情况、违规培训、考试合格率等综合安全指标为主的驾培机构培训质量等级考核制度。建立定期考核和随机突击抽查机制。公安和交通管理部门应加强信息共享，探索培训监管平台和考试系统有效衔接。交通运输管理部门应指导驾驶培训行业协会建立驾培行业社会监管机制。

（四）队伍更加专业化

推进教练员、考试员素质教育，提高队伍专业化水平。公安及交通运输部门应加强教练员、考试员队伍的职业技能培训，完善准入和日常教育机制，建立科学有效的考试员、教练员业务能力评价标准。推动实行教练员、考试员职业化教育，打造高素质、专业化的教练员和考试员队伍。探索完善培训过程监督机制，加强对教练员培训过程的监管。

（五）教育更加系统化

建立全生命周期的驾驶人教育体系，输出更加优质的驾驶人。我国大部分驾驶人只有在初次申领驾驶证时才接受交通安全知识教育学习，领证后教育非常缺乏，亟须建立系统化、社会化、市场化的驾驶人再教育模式，有效提升社会交通安全水平。研究搭建全民交通安全教育平台，面向全体道路参与者提供服务，为其提供方便、灵活、个性化的信息化学习环境，促进全面教育体系建设。完善驾驶人再教育相关工作规范，引入高质量的教育资源和设施设备，尝试推动驾培机构、行业协会等共同开展驾驶人再教育。将“牢固树立终身学习理念”与驾驶人再教育相融合，从原则上指导驾驶人再教育制度发展方向。

（六）驾驶更加国际化

探索更加多元的驾驶证国际认可途径，满足群众境外驾车需求。现阶段我国已经具备了一定的拓展驾驶证国际化水平的良好基础。我国与许多国家和地区有类似的驾驶许可条件和制度，在机动车技术标准、交通法律法规等方面具有一定的共通性，对驾驶人的驾驶技能要求基本相同。我国在提升整体道路交通安全水平、减少交通事故伤害、提高驾驶人综合素质等目标上，与其他国家、地区等具有高度一致性。前期已经开展的驾驶证双边互认谈判，也为我国继续提高驾驶证国际认知认可度积累了实践经验。随着我国进入新时代，驾驶证国际化工作也应有新的探索，不断顺应人民日益增长的海外驾驶需求。

第七节　探索驾驶人的思维方式

奥特•范登博格（比利时）
比利时道路安全研究所研究总监

奥特·范登博格精彩演讲视频

奥特·范登博格先生在演讲

比利时道路安全研究所研究总监。1977—1982 年在根特大学获得电子工程、机电工程双硕士学位。2012—2015年在伦敦大学学院获得道路安全博士学位，研究解决道路安全方面的政策难题。2017年9月至今在比利时道路安全研究所任研究总监；比利时道路安全研究所管理委员会成员，并且代表比利时道路安全研究所多次出席比利时国内外活动；研究机构人道主义联合会成员，积极参与人—车关系方面的研究；负责为世界卫生组织统筹和提供比利时道路安全数据。

摘　要

从比利时道路安全现状出发，提出了跨国致力于道路安全调查、统计分析及建模，实地、网络问卷调查，驾驶模拟系统及准实验设计等系统性道路使用者电子调查项目，旨在探索、挖掘、理解驾驶人的思维方式，以改善、解决世界性道路交通安全问题。同时在如何培养一名合格的驾驶人方面提供了庞大的数据、政策参考。

一、比利时的道路安全

（一）比利时国家概况

比利时的人口有 1100 万，大概不到中国的 1/100，比利时国土面积 3 万平方公里，是一个比较复杂的国家，分为两个大区，北边的大区是法兰德斯，主要语言是荷兰语；南部是瓦龙尼亚，主要语言是法语。比利时气候比较温和，地势比较平坦，60% 的人口讲荷兰语，40% 的人口讲法语，首都是布鲁塞尔。布鲁塞尔不仅是比利时的首都，还是欧洲一座重要的城市，很多欧盟机构都在这里设有总部，虽然比利时是一个面积较小的国家，但其重要性却非常之高。

（二）比利时道路安全研究所简介

比利时道路安全研究所（下称“研究所”）主要致力于比利时道路安全相关议题的研究，是一个非营利私有组织。该所有 130 名专业人员，在比利时道路安全研究方面较为活跃，同时也参与其他领域的相关安全及公共卫生事务。虽涉及驾驶人培训，但不直接对驾驶人进行培训，主要为国家政府提供发展建议。

研究所与决策者、公共机构、媒体、司法机关、私有企业等都有直接的合作协议。每周都会与这些权益相关方进行沟通，也会与媒体的朋友进行沟通，来探讨道路交通安全的重要性及有关事宜。研究所还与警察部门有合作，也与私有企业进行合作，试图提升私有企业员工的道路交通安全意识，与道路使用者、研究专家，以及比利时公民都有良好的合作关系。

研究所评价道路交通安全现状是否适用于残疾人驾驶，虽然比利时的残疾驾驶人总数达到 7000 人，但研究所仍要反复对道路状况进行评估，以判断是否适用于残疾驾驶人驾驶。比利时推出了饮酒聚会驾驶保障制度，即出去聚会的时候确保其中有一个人不喝酒，能把其他人安全送回家，这样大大减少了比利时酒驾事故的发生率。

（三）比利时道路安全研究所活动举例

研究所推出了一系列创新的安全研究活动。下面就部分项目摘要简述如下：

（1）年轻驾驶人超速行为。年轻驾驶人超速行为就是跟踪青年驾驶人是不是有超速行驶行为，并对这些青年驾驶人提供一些反馈，以提升青年驾驶人的驾驶技能。

研究所也会判断这些驾驶人驾驶行为的安全可行性，当有交通事故发生时，青年驾驶人可有两种选择：一是交罚款，二是接受再教育。研究所还是希望青年驾驶人经过再教育改过自新。

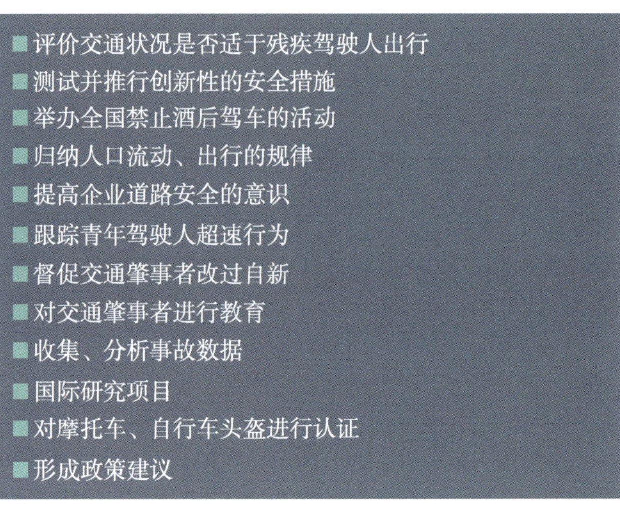

比利时道路安全研究所活动举例

（2）合作研究。研究所与警方开展了一系列的合作，收集并分析事故数据，开展国际研究项目。在此方面研究所提出具有创新性的举措，积极提升相关基础设施建设，加大科学技术的投入和使用。参考不同的因素，可以研究出不同阶段不同领域所对应的安全发展特点，为政府提供相关建议和决策参考。

（3）研究项目。研究所最近要做的是说服相关政府部门和机构减少酒精对于新驾驶人的影响。目前酒精测试的标准是 0.5，研究表明非常少量的酒精摄入也会对新驾驶人的驾驶行为产生影响。研究所近期开展在驾驶过程中系安全带的调查研究。研究发现 70% 的比利时人都不会系安全带，并有许多人因此而丧生。同样的，儿童安全座椅也是非常重要的。

（4）饮酒态度。酒驾是一种社会陋习，在比利时及相邻的国家会受到指责。如果一个乘客喝酒过多的话，出租车就会拒载，并告诉他应该直接去找警察。研究所开始强化这种行为，完全改变驾驶人对酒驾的态度。从目前调查来看，这种情况正在发生改变，假以时日就能看到效果。

(5) 安全感。研究所采取网上调查的方式调查公民的不安全感，并开展了一系列的国际合作，先后在欧洲10个以上国家的相关机构建立了数据库。探索发现安全风险，建立更加有效的措施和政策建议，共同提高道路安全。许多数据对中国来说也有借鉴意义，比如说一个交通控制系统可以包含几个监控摄像头，在不同的道路实施监控，可以监测到驾驶人在驾驶过程中的行为变化。

(6) 事故死亡人数。1970年比利时道路交通事故死亡人数为3070人，达到了峰值。在之后的45年时间内，比利时为达到减少交通事故死亡人数的目标，采取了包括加强基础设施和科学技术在内的一系列方法。在交通安全方面，比利时周边的国家，如荷兰、挪威、英国等，都比比利时管理得到位。比利时警方会记录交通违法事件，但并不会记录所有相关的伤亡者信息。

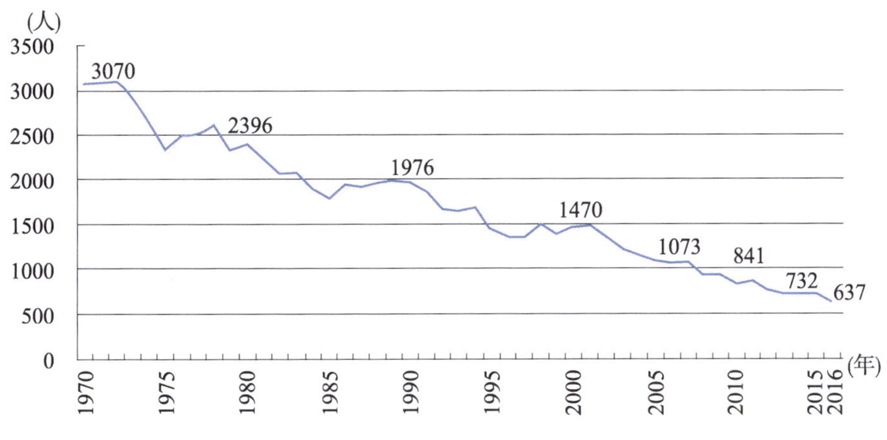

比利时道路交通事故死亡人数变化趋势

在过去不同的交通事故中，2/3以上的重伤者是行人，是自行车、两轮摩托车等驾驶人。自行车受伤人数占比明显较多，因此，有些时候改变交通出行方式也会影响安全状态。值得欣慰的是，几十年来关于道路安全的政策已大为改善。研究所为此所做出的努力，使得道路交通事故受伤的人数大大减少。

在道路使用者的分类中，汽车驾驶人的交通事故中死亡风险比例为1。在6～14岁这一年龄段，骑自行车人因受重伤和死亡的风险大概是行人的6倍。在15～17岁这个年龄段，许多人更倾向于骑自行车，他们受伤或死亡的风险更高。以同等距离计算，骑自行车人受重伤和死亡的风险要远远大于行人。在比利时，公共交通系统要比私家车或自行车的安全系数更高。

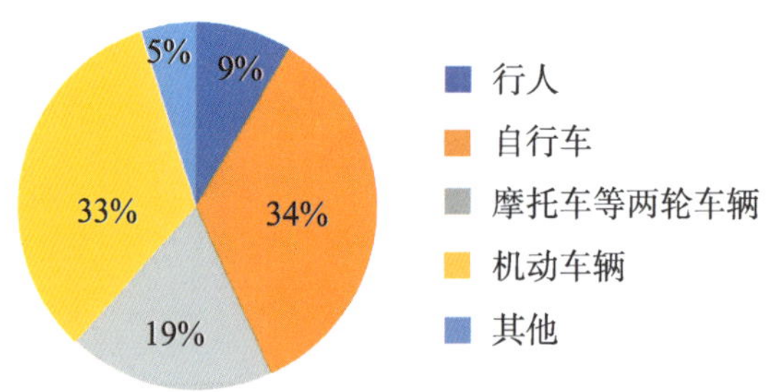

不同交通主体重伤的占比

（7）伤者的年龄分布。欧洲国家，女性的驾驶技能远远超过男性。她们的驾驶更加流畅，安全系数更高，驾驶也更加平稳。由下图可以看到男性、女性驾驶之间的差别。由于经验不足，或者是头脑发育的差异等，产生了这些伤者年龄的分布和男女之间分布的差异。目前年轻人的伤者人数已经有所减少，这方面研究所还有待进一步研究。

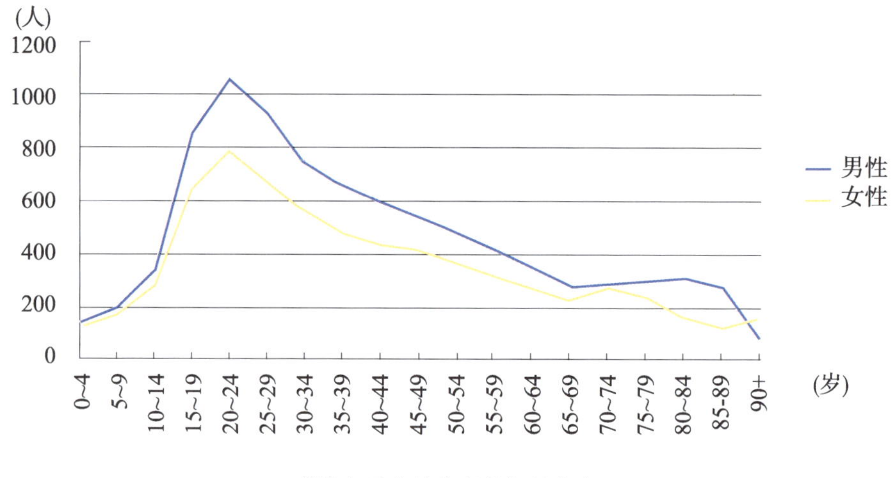

道路交通事故伤者的年龄分布

（8）酒驾测试。研究所发现在周末的时候有 10% 以上的人都会酒驾，这种差别与平日相比非常明显。最重要的差别是在男性，他们在周末夜晚的血液酒精含量是平常的 20 倍。研究所开展了一些活动，让大家注意到酒驾的危险，提醒大家在饮酒之后不要开车。必须要纠正公众对酒驾的态度，研究所的努力虽然取得了一定成效，但还远远不够，必须加紧努力。

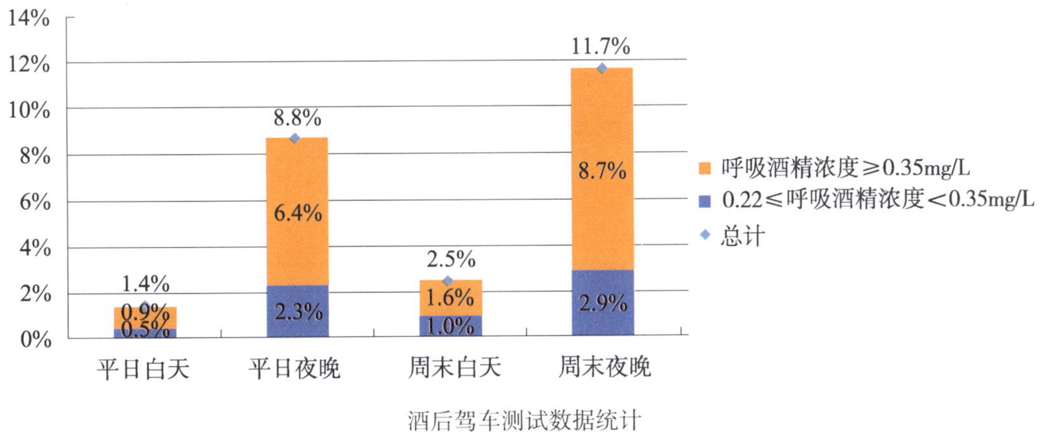

酒后驾车测试数据统计

二、ESRA 项目及网络

（一）ESRA（道路使用者态度电子调查）概述

ESRA 是指道路使用者态度电子调查,ESRA 项目及网络是指由多个国家参与的，用来专门比较不同国家驾驶人对道路安全态度研究的项目及网络组织。

这个项目的基础组织机构是比利时道路安全研究所。本项目已历时 2 年，目前参加研究的有包括欧洲、澳大利亚在内的 38 个国家，这些国家也是研究所的合作伙伴。2019 年这个项目还会扩展到亚洲和非洲，会与更多国家进行合作，每两到三年都会推出地方语言版调查问卷新项目，用于比较不同国家、不同行为的安全表现和态度。研究所想要获得这些数据来帮助当地的交通管理部门，提醒交通管理部门采取相应的政策，获得公众的支持，提升交通安全管理水平。

目前研究所已经取得了一些进展，研究所从欧洲开始起步，2015 年开始第一阶段，在一些欧洲国家推行，慢慢推动到美洲、以色列。2018 年，还会有亚洲、非洲国家与研究所合作，研究所将继续努力，希望未来取得进一步的发展。

（二）ESRA（道路使用者态度电子调查）研究方法

（1）调查。研究所制作的调查问卷和调查方法，通用于所有国家，目前已有 33 个国家语言的版本。虽语言版本还不多，但调查问卷非常详细、科学，现已经有将近 4 万人接受了问卷调查。

（2）取样。每个国家都有符合本国特点的代表性样本，这些样本尽可能避开当面承认错事，或直接说出一些违法的动机，同时能看出这些人在主观上对安全和风险的判断。随着问卷的不断更新和完善，研究所尽可能将调查结果与实际情况保持一致。在这些调查当中，主要是测评交通事故中的四大诱因：超速、酒驾、开车打电话、不系安全带，这四大方面贯穿于调查始终。

（三）ESRA 主要议题

调查内容主要是 ESRA 当中谈到的主要议题，比如说关于酒驾的态度，你是否曾经经历过。调查方式是通过网上匿名的形式进行，共有 32 个大类，逾 200 个小问题。因为是匿名调查，调查者都非常愿意积极参与，这可能会比面对面的问卷更加行之有效。

（四）按主题划分的主观道路安全

研究所基于调查数据对各国的交通安全进行了评价，分值越高，证明国民的交通安全感越强。欧盟国家的平均值是 7.6，是世界上评分最高的地区。而拉美的评分最低，只有 4.5 分。这些都很符合实际，在欧洲出行安全感很强，比中国要好一些。

（五）承认的交通行为 (ESRA38)

（1）公众承认的行为。研究所研究了 38 个国家，比较了美洲、欧洲和其他一些国家，在过去 12 个月当中，是否有违反交通规则的行为。比如有 43% 的受访人群承认在过去 12 个月当中，在开车的时候手持手机一次。还有人承认他们之前有过酒后驾驶，还有人有过用药后驾驶，而有一些药物是不可以在驾驶之前服用的。酒后驾驶的比例占到了 30%，也就是说每 10 个人当中有 3 个人会有酒驾的经历，这确实会引人担忧，这还仅仅是承认自己之前做过这些行为的比例。

（2）注意力不集中。即使是用免提的手机，也会牵扯到一部分的注意力，在驾车过程中最好不要使用手机。有 68% 的人说在高速公路上曾经超速过。这些数据都不容乐观。但通过调查，至少可以知道哪些行为是非常危险的，通过这样的调查大家也可以深深反思，哪些行为对人是有害的。

（3）后排乘客是否系过安全带。不系安全带是一个非常危险的行为。根据调查，有 52% 的后排乘客在过去的一年内没有系过安全带，只有 4.5% 的人驾驶的时候系过安全带，每年会有约 1 万人因不系安全带而丧命，可以说安全带是保护人们安全的重要工具。这些结论都会提示研究所未来的努力方向。

（六）各国承认的错误交通行为

由于文化、经济、政治等方面的差异，各国同样存在着对安全行为的认知差异。有些国家认为对安全有影响的行为在有些国家可能认为没有影响，57% 的人承认自己曾经有过一些不良的交通行为。如比利时认为本国男女都有酒后驾驶行为，其中男性比例会更高，超过了 50%。比利时还经常进行国内外比较，在超速和酒驾方面，他们认为拉美国家比欧洲国家更差，超速问题也很严重，韩国认为有 22% 的驾驶人始终都会系安全带，但韩国的具体交通法律保障如何却不得而知。

（七）道路安全政策的支持 (ESRA38)

研究所调查了人们对道路安全政策方面的态度。部分政府的政策可以获得 60% ~ 70% 的公众支持。如在酒驾方面，主要用呼气仪器检查人们身体血液中酒精含量。在澳大利亚，有 80% 的人支持对酒驾惯犯的干预，许多国家也提出了控制酒驾的政策。研究所还做了关于驾驶行为零容忍的政策支持调查，如奥地利对开车使用手机持零容忍态度获得了 36% 的支持。这些调查结论可以帮助政府了解人们对一些交通行为的接受程度，以及对于相应政策的理解程度。

三、结论及未来展望

2018 年的 10 月以及 2019 年的 10 月会发放新一轮近 50 个国家参与的问卷调查。希望中国能够加入，这样可以有数以千万的驾驶人参与调查，这样会取得非常大的成就。

第八节　小信成则大信立

吴巍（中国）
哈尔滨市交警支队车管所民警

吴巍先生在演讲

哈尔滨市交警支队车管所民警，从警18年，作为一线基层民警，先后从事巡警、刑警工作，现负责机动车驾驶人的满分教育工作，常年对机关、团体、企事业单位以及运输单位的职业驾驶人和中小学校学生进行道路交通安全宣传工作。

摘　要

全国交管部门对严重的违法行为进行信息推送，将交通违法失信驾驶人纳入征信管理范畴，在构建和谐社会的今天，不仅要依赖交通法律法规的处罚，而且还要采取对失信人惩戒的方式，倒逼交通参与者主动遵守法律，如此必然会推动整个社会诚信风气的形成，提升社会公众的守法意识。此外，通过近两年来典型交通事故的分析，论证驾培机构缩短学时、脱离大纲教学，应试教育等失信行为给社会交通和行为人带来的危害和负面影响。

一、何为“小信成则大信立”

当代著名作家钱钟书在其作品《围城》中曾经写到，“认识一个人最好的方式就是和他一起去旅行。”阿里巴巴的创始人马云在今年5月份菜鸟论坛上曾经对他的员工说到，“了解你客户最好的方式就是和他一起吃一顿饭。”东方时尚的闫文辉总经理说，“了解一个人最好的办法就是坐一次他开的车。”为何要一起去旅行、去吃饭、去坐车？其实道理很简单，只有凑在一起才有机会了解，只有互相交流才知对方诚信，知其诚信方能合作，即为小信成则大信立。

二、驾驶行为中的诚信

随着我国经济的发展，道路交通拥堵日趋严重。维护和建立良好的交通秩序，自觉遵守法律，是每一个驾驶人的责任和义务，也是每一位驾驶人应该信守的承诺，更是道路安全与畅通的迫切需要。为让失信驾驶人得到惩戒，2017年国家发改委、公安部等五部门联合下发《关于加强交通出行领域信用建设的指导意见》(发改运行〔2017〕10号)，公安机关交通管理部门要求把严重的违法行为纳入到失信范畴进行联合惩戒，其中有13种严重违法行为将纳入到失信范畴之内。

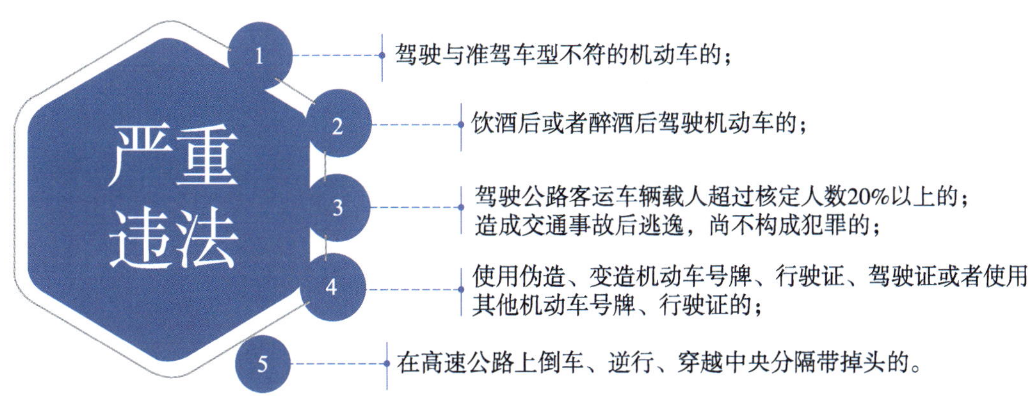

将纳入征信系统的违法行为

2017年国务院安全生产委员会下发《道路交通安全“十三五”规划》，要求建立驾驶人的交通安全信用体系，把所有驾驶人的不良记录上传到中国征信网。北京、黑龙江、辽宁、深圳、上海等省市相继出台了交通文明行为征信管理办法，在应聘公路旅游客运、校车驾驶人的时候，用人单位可以查询到相关的记录。公安机关交通管理部门对一次性记满12分的驾驶人会出具行政处罚决定书，在行政处罚决定书的下方会有一行小字，该处罚决定将在122交通网公开公示，并同时向信用中国网推送。

三、驾驶培训中的诚信

2010年开始，哈尔滨市对一次性记满12分的驾驶人进行教育，之后随着文明交通“五个一”进驾校活动的推进，对驾校学员在初次领证之前，再进行半个小时的安全教育。无论是之前有驾驶证还是刚刚考取驾驶证的人，他们所了解的交通安全知识太少，与机动车驾驶培训教学与考试大纲所规定的知识和技能相比，差距很大。这其中是否存在诚信问题？

防御性驾驶的根本目的是培养驾驶人能够感知到危险，从而对事故的发生进行预判，减轻事故造成的损失，或者预防事故的发生。但是做到感知危险的前提是驾驶人要掌握道路交通安全法律法规知识、车辆机械知识和驾驶技能知识等。而这些知识均来自以机动车驾驶培训教学与考试大纲为灵魂的驾驶培训行业。依法教学、诚实信用，是驾驶培训行业的基石。非法教学、失信于民的现象，使我们对驾培的诚信增添了更多的怀疑。

四、失信寸步难行

根据外勤民警经验，缩短学时和脱离教学大纲教学会导致培训出来的驾驶人极度胆小。为什么会这样？因为艺高胆大，恐惧来源于未知。如果给一个没有经验的人一支枪，让他发射，他肯定害怕，因为他没有接触枪。有些学员一直在说，“我怕，我怕，我怕”，她为什么害怕？怕的背后就是没有过硬的知识和技能。

（一）诚信缺失事故案例

2017年1月17号上午9点55分广西北海，一位女学员高高兴兴地买了一辆新车，9分钟以后发生交通事故。

2017年12月1日，上海某地下停车场。某女士不知道什么原因突然停车并下车，但她下车时忘记把变速杆挂入空挡，于是汽车自行前进。

（二）诚信缺失教学案例

（1）误将油门（加速踏板）当刹车（制动踏板）。为什么会出现新驾驶人将油门当刹车的情况？2017年论坛中来自云南东方时尚驾校的陈俊先生分析过，这是驾校在教学过程中存在半联动，或者脚只会放在油门上所致。今年柳实教授在一个节目中也曾分析认为：这是应试教学所为。

具体来讲，教练员在教学时强调的是右脚能完全把刹车和油门踩到底，且右脚和小腿之间的夹角大于90度。驾照考试则重视的是调试前后倒视镜，驾驶坐姿自行调整。然而我们忽略了一个问题，就是中国驾驶人性别差异对右脚互换踩踏两大踏板（制动踏板、加速踏板）的影响。男性以右脚跟为轴向左右切换，而东方女性因脚比较小，不得不将脚抬起来左右切换。此时驾校还要提醒她一点，注意女性的膝盖和方向盘之间的距离留有一定的空隙，否则，遇到紧急情况一抬腿膝盖就会碰触到方向盘，脚落下去就会踩到油门。

（2）驾驶室方向盘与前胸的距离。驾驶室方向盘和前胸的距离到底应该保持什么样的距离？柳实教授曾经说过，他把双手放平，双手的手腕能搭在方向盘就是科学的距离。如果前胸距离方向盘过近会导致什么？一是发生撞击时，气囊会对人产生伤害。二是会发生转向不足或转向过度。转弯以后方向盘要回正，但是如果离前胸太近就转不回来了。

（3）头枕的高度。头枕的高度与头平齐，请注意只有当头枕的中线与驾驶人的耳朵上沿在一条直线的时候才能真正保证发生追尾事故时，驾驶人的颈部不受伤害。与头平齐说得很模糊，驾校老师在讲的时候讲到了，但是如果是应试教学的时候这一部分几乎不被提及，头枕也无法真正保护驾驶人。

（4）驻车制动器。询问学员：为什么要拉驻车制动器？学员答：考试的时候不拉驻车制动器不及格。停车的时候不拉驻车制动器会发生什么？哈尔滨松花江有一位学员新买了一辆汽车，把车开到江边，结果车掉到了江里。这位学员没有拉驻车制动器，他说到，他只知道考试的时候要拉驻车制动器，平时觉得没什么作用，可见应试教育是多么可悲。如果学员知道不拉驻车制动器会有危险，就会把停车拉驻车制动器的动作贯彻到自己的驾驶生活中，成为一种习惯。

（5）应急车道。在理论考试的时候，曾经有一道考察应急车道知识的题，很多驾校并未进行理论培训，就让学员自己在网上练题。有一次问学员是不是右侧的车道就是应急车道？学员几乎异口同声地回答右侧车道就是应急车道。但事实上这并不完全正确，在特殊情况下，如遇上路窄或桥梁时，应急车道可能就不再设立，即使设置也是相对危险的，事故发生的概率可能就相当高。此时，右侧车道左侧边线是一条分界虚线，而不是一条实线。应急车道是一条在紧急情况下使用的机动车道。

在实际操作教学中，学员没有在高速公路应急车道上驾驶的经验。如果驾校只进行应试教学，学员只会记忆“右侧车道是应急车道，违法占用应急车道行驶扣 6 分”这些内容，那么带来的问题可想而知。

（6）安全带。现在在驾校所有的驾驶人在开车的时候会保证系安全带。这是因为第一，驾校已经把这种行为灌输给学员；第二，交通管理部门对不系安全带的行为加大了处罚力度。

乘车人为什么要系安全带？主要是为了防止车辆发生事故时车内人员发生二次碰撞，从而造成更大的人身伤亡。如果每年培训的 2000 多万驾驶人通过驾校的意识培养能够牢记驾驶车辆要系安全带，乘车人同样需要系安全带，他就会把这个意识传达给他的父母、丈夫、妻子、子女，影响更多的人，从而保护更多的人，这才是驾驶培训行业的最终目的。

2018 年 6 月份公安部道路交通安全研究中心采用 VR 技术制作了一个关于儿童不系安全带后果的短视频，同时依托公安机关或者驾校自建的交通安全教育基地进行体验式教学，让人们真正感知到危险，意识到交通事故带来的严重后果。只有学员学会了畏惧，才能约束自己的行为，只有心存畏惧方能行有所止。

五、结束语

中国驾驶人的驾驶态度和文化在国际上饱受质疑，并被认为是中国道路交通安全问题的元凶之一。西方之所以交通安全状况良好是因为他们几代人都接受过良好的交通安全教育，这也是交通史发展的必然结果。同时，相信驾培企业本着做良心企业、诚信为先的原则，就会有良好的发展前景，驾驶人也不会因为无知而肆意妄为，这样才能使道路交通环境更加有序，广大交通参与者更加安全。诚信和口碑，才是驾校最好的广告，不管培训方式与教学目的是什么，驾校的终极目标是让学员安全驾驶，平安到家。最后，引用一句珠海车管所的宣传口号——“车行千里，你在我心。”

第九节　区域性驾校管理的探索和实践

颜建平（中国）
温州乐清市畅达机动车驾驶员培训有限公司执行总裁

颜建平精彩演讲视频

颜建平先生在演讲

浙江省温州乐清市畅达机动车驾驶员培训有限公司执行总裁。毕业于北京经济技术研修学院汽车运用技术专业，2003年开始从事驾培行业，已有十五年驾培管理经验，取得由交通运输部颁发的高级道路运输经理人资格证书。历经驾培行业蓬勃发展到行业低谷，到如今不断做大做强做兼并，始终把承担社会交通安全看作是义不容辞的职责，以诚信立业。

摘　要

颜建平先生及所在团队浙江省温州乐清市畅达机动车驾驶员培训有限公司，以亲身经历提出了目前驾校所存在的学时造假和“劣币驱逐良币”两大问题。他认为其根本原因在于价格战导致行业竞争恶化和管理理念落后，使驾校失去主导权。同时他还认为驾校联合是大势所趋，并详细提出了驾校未来联合的步骤和方略。

一、目前驾校管理面临的主要难题

（一）学时造假等不诚信的现象屡见不鲜

从市场经济发展伊始到现在，各行各业或多或少都存在“缺斤少两”“偷工减料”的行为，其根本原因是商家为了自己盈利，贪图利润最大化，故意为之。一般我们仅仅视为这是不诚信的现象，从道德层面对商家进行批判，并不涉及人身安全层面问题。然而，驾驶培训行业作为特种行业，目前也存在这种问题，假如任由这种“缺斤少两”“偷工减料”的现象持续发展下去，企业“偷”走的不再仅仅是金钱利润，有可能是他人的生命！

2016 年驾培行业曾发生了一起轰动全国的事件，江苏省泰州、盐城两地的 49 家驾校为了吸引生源，节约成本，利用信息系统漏洞实施学时造假。近 1.5 万名学员没有进行培训，却拿到了代表上路驾驶资格的驾照。这起事件曝光之后，迅速引起全国各界人士的关注，有关部门也陆续出台相关政策，对驾培行业学时造假这一乱象进行整治。

（二）非法机构挤压正规驾校的生存空间

由于各地区消费水平、土地价格不同，驾培市场存在区域性招生价格差异的现象。这种现象会导致驾校申办成本低的机构跑到成本高的地区抢夺生源。此外，驾培市场还存在大量非法运营的培训机构，部分驾校通过“挂靠”“设点”牟取一时之利。据调查，很多地区驾校自招自训学员占比很低，大量的生源掌握在挂靠经营者手中，这对驾培行业的长远发展极其不利。

二、造成行业困境的根本原因

（一）价格战导致行业竞争恶化

在这样的行业背景下，驾校之间的竞争也加剧恶化。为了抢夺生源，价格战成了驾培行业最常见的竞争方式。然而，持久的价格战最终会导致企业没有利润空间，倒逼企业行业逆向发展。企业为了降低成本，只能在培训质量上“偷工减料”，根本无法提供高品质的服务。当前的驾培行业监管仍然存在漏洞，即使部分企业坚守服务品质，但他们的生存空间会被这种恶性竞争不断挤压，最终仍是死路一条。

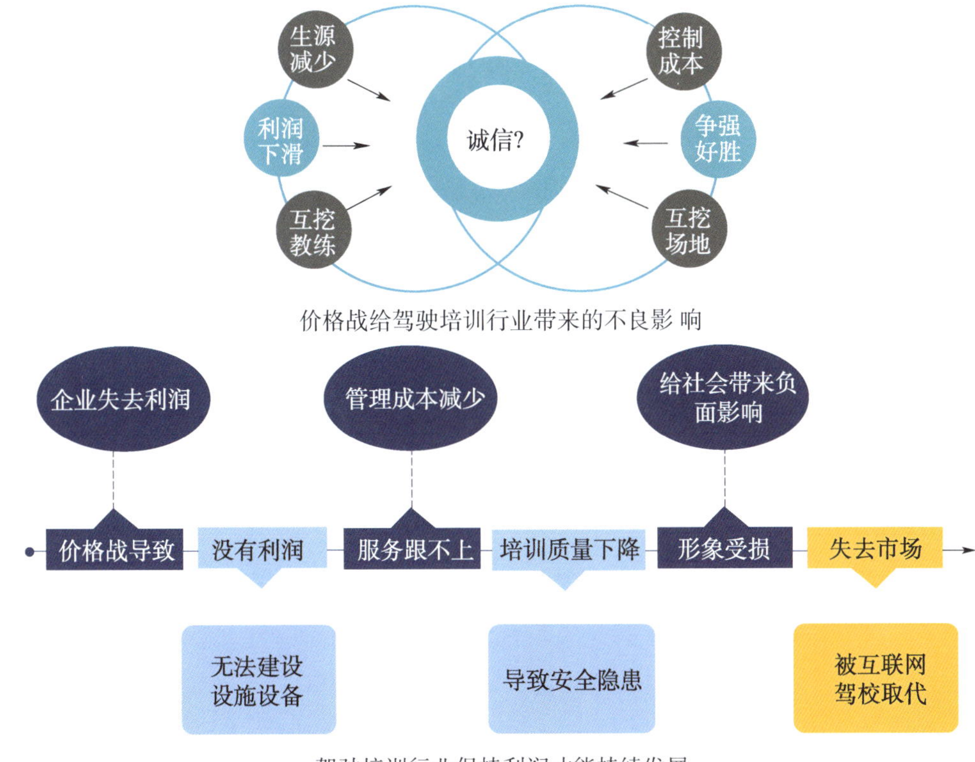

价格战给驾驶培训行业带来的不良影响

驾驶培训行业保持利润才能持续发展

（二）管理理念落后导致驾校失去主导权

驾校校长的管理理念决定了驾校的发展方式。然而，目前很多驾校的校长管理理念无法与时俱进，依旧采用早期驾培行业的管理方式对驾校进行管理。

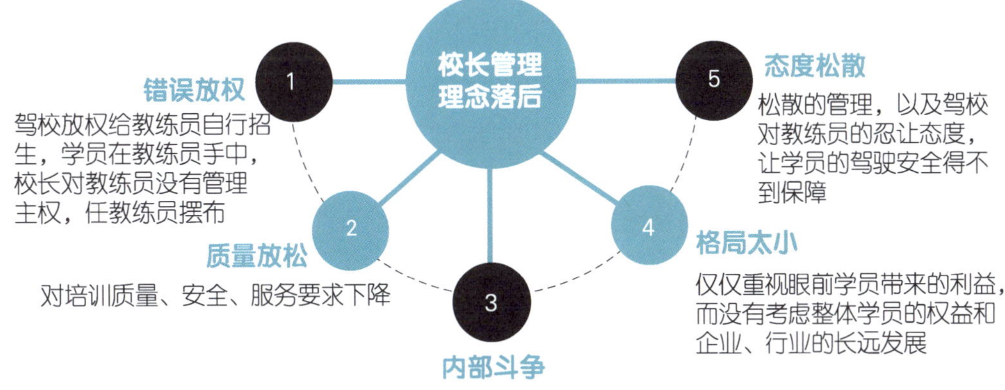

管理落后引发的问题

（1）驾校放权给教练员自行招生，学员在教练员手中，校长对教练员没有管理主权，任教练员摆布；

（2）对培训质量、安全、服务要求下降；

（3）行业内部斗气，互挖教练员、互抢场地等；

（4）仅仅重视眼前学员带来的利益，而没有考虑整体学员的权益和企业的长远发展；

（5）松散的管理以及驾校对教练的忍让态度，让学员的驾驶安全得不到保障。

上述管理方式最终会导致驾校失去主导权，再也无法对教练员进行严格的管理。因为教练员掌握了招生权，可以随时倒逼驾校妥协，更直接加剧了驾校培训质量差、学员体验差、学员驾驶技术差等不良影响。

三、区域性驾校管理办法的具体思路

为了解决上述提到的根本问题，驾校校长和管理者首先应转变思想和管理理念。现阶段，区域性驾校间的合作是大势所趋，仅凭单打独斗已难以立足，驾校需要联合起来，一起谋求新的发展方式，助力驾校行业从以前的培训型机构，逐渐转型为服务型机构。在初步达成联合意向时，不能仅仅着眼当前的利益，要以更加开放的眼光看待行业的长远发展与核心利益。

当区域性驾校联合体形成之后，需要逐步规范各项培训业务，逐步实现收费、场地、教练员、培训等一体化管理。从开放、无序的市场向联合、自律、共享、规范过渡，从根本上解决目前所存在的问题。有了理论和思路，剩下的就是资源对接和落地实施，需要各方共同努力去解决各类细节问题。

（一）联合签订自律公约

（1）对联合体内的驾校，一律不能互挖教练员；

（2）不得互挖训练场地，提高场地租金；

（3）一致对外，联合运管，共同打击异地培训车辆、非法培训黑车、非法招生点等。

签订行业自律公约，各驾校不仅对各自的教练员有了约束，也对训练场有了一定的掌控能力。减少了行业内不必要的恶性竞争和损耗，保留了管理上的话语权。

（二）集中业务、统一培训

（1）统一进行理论教学报名业务，自主选择驾校，价格公开透明；

（2）统一交纳培训定金防止生源外流；

（3）统一对模拟器进行收费培训；

（4）统一培训教练员资质业务；

（5）统一训练场地，共同启用经营性场地，各驾校共同使用训练场地，使用第三方进行管理等。

共享资源，去产能，做规范。统一后大幅度节省办事人员、办公场所等，降低了运营成本；而第三方专人、专业、专项的管理，提高了管理效率和教学质量。

（三）共同探讨行业规划，共谋可持续发展

（1）每月例行召开各校代表会议，共同探讨发展，共同商讨决议；

（2）以联合体为中心，可以向政府管理部门争取支持，比如驾培园区用地等政策；

（3）同步发展油改气、气改电等节能环保的措施；

（4）拓展其他业务内容，如汽修、检测站、社会考场、4S店、二手车、汽车租赁、陪驾服务、会员俱乐部等合作项目，将驾培行业做大、做强，以多元化的经营，为企业实现创收增效。

（四）区域性驾校联合的案例

（1）由一所或几所龙头驾校牵头，通过经营权流转、股权合作、代管托管等形式，实现招生、收费、培训、管理“四个统一”。这一模式有利于避免价格战，提高培训服务质量效益。当前，驾培行业处于低谷期，恰恰是经营权整合重组的良机。

（2）压减管理层级，精减人员、车辆，在符合教学大纲的前提下缩短培训考试周期，用“减”来提升市场竞争力。

（3）去产能的重点对象，分为落后培训能力和非法培训能力。通过兼并重组整合一批，多元经营转移一批，关门破产淘汰一批，引导落后培训能力退出。对于非法培训能力，主要依靠严格监管，迫使非法培训能力退出市场。

（4）实行标准化收费、统一化管理、规范化培训、高效化服务，能够实现品牌效应和规模收益，具有强大的竞争力、较高的盈利能力和抗风险能力。预计未来几年，随

着驾培市场分化步伐加快，集团化办学有迅猛发展之势。

四、总结

除区域性驾校联合外，还要加快推进互联网与驾培的深度融合。通过互联网技术和思维，强化技术应用，创新服务模式，激发创新活力，培育新兴业态，促进传统驾培转型升级和提质增效。

在快速发展的社会里，传统驾校要想继续坚守在驾培行业里，就必须顺应时代，提升培训质量、构建客服体系、提供增值服务，转型升级为市场化、信息化、互联化的驾校，以客户的优质体验赢得市场，应对变化，创造驾培行业的辉煌。

给驾培行业一个规范的市场，让驾校公开、透明、公平去认真培育出合格的驾驶人。让我国的交通事故大幅下降，让人们的生命安全得到更多的保障，我们期待着这一天的到来。

第四章

国际经验交流

本部分内容由论坛各分会场中外专家现场交流内容整理而成。问答内容基本保持现场交流的实际情况，但对问题的类别进行了重新分类，对重复和相近的问题进行了合并，并对文字按图书出版要求进行了简单加工。

分论坛的内容主要围绕机动车驾驶人培训与道路交通安全展开。中外专家的探讨围绕驾驶安全的主题，重点关注驾驶人培训在道路交通安全中所起的作用。分论坛主要围绕各国道路交通安全及驾驶培训行业管理体系状况、驾驶人培训与道路交通安全教育的关系、各国驾驶培训经验问题和面临的新形势和新举措、驾驶培训机构诚信建设及驾驶信用在驾培行业或道路交通安全行业的应用等议题，内容翔实，供读者品读。

分论坛会场

第一节　道路交通安全教育

Q1：法国限速规定经历了几次变化，这个过程中有没有一些研究作为支撑，是通过什么来促进的？

A1：在法国和比利时都有数据证明，速度降低可以减少一定数量事故的发生。虽然有数据证明限速降低对道路安全是有正面影响的，但是没有具体的证据证明把限速从 90 公里 / 小时降到 80 公里 / 小时，有多少正面影响。比利时有明显的数据证明平均速度与道路事故率及死亡率的关系，数据表明道路上的平均速度每上升 1%，事故率就会上升 3%，死亡率会上升 5%，所以可能对于道路交通安全来说降低平均速度是比较有效的方法。当然，平均速度和最大限速是两个概念，目前尚无具体的数据证明，降低最大限速能够降低道路交通事故率和致死率。

1970 年，法国每年会有 16000 个交通事故致死的案例。到 2011 年，这个数据下降到 4000 个。在 40 年的时间里，我们把交通事故致死的案例减少了四分之三。我想简单介绍一下法国是如何去减少交通事故致死数量的。

在 1973 年 6 月，法国政府决定要在路上设置限速，在 1973 年以前法国是没有限速的，从 1973 年开始正常道路上汽车的最高限速是 100 公里 / 小时，规定了限速之后，明显看到了成效。在 1974 年 11 月，法国政府又做出了一个新的决定，把路上的最高限速从 100 公里 / 小时改成 90 公里 / 小时。在 1979 年 10 月，法国政府出台了新政，要求在路上驾驶必须系安全带，在这项新政策出台以后，交通事故致死的概率进一步下降。

现在我们讨论的是在城市道路上，而不是高速公路上的行车问题。假如我们真的把最大限速降下来，有可能会引发堵车的问题。其实还是要看驾驶人对道路规则是否掌握，是不是在理性开车。

法国嘉宾做交流发言

Q2: 韩国在改善道路交通安全状况方面做了哪些努力呢?

A2: 昨天在许亿教授的发言稿当中，大家都可以对韩国现在的道路交通安全状况有一定的了解。为了进一步减少道路交通事故的发生率，韩国政府，包括民间组织，都在进一步紧密协作与配合。主要从三个方面进行：一是在应对现在韩国道路交通状况和交通事故问题方面，政府制定了政策，采取了很多的措施；二是对于韩国来说，非常重视治理道路交通环境，设立更多的休息区，让在高速公路或者一般道路上驾驶疲劳的人，可以有地方休息，这样就可以从客观上减少驾驶疲劳造成的人为交通事故；三是为了预防交通事故，在最开始的驾驶教育中就要重视素质教育与技能教育。

韩国嘉宾做交流发言

Q3: 比利时是如何提高驾驶人的安全意识的?

A3: 驾驶人的安全意识是非常重要的。在培训当中,注重培养驾驶人的交通安全意识,包括法律法规、驾驶技能、驾驶心态的讲授以及对超速行驶或者不系安全带等违法行为的杜绝。因此借这次机会呼吁各个学校的教练员要端正学员的安全意识。在欧洲的一些国家,训练和考试当中要教育学员识别风险,要预判风险,这在中国可能还不是非常普遍,所以我们觉得在驾驶培训过程当中,应该要教授青年人如何预判风险。我想要强调的一点是,不仅是学校,整个驾驶培训体系都要承担这样的责任,尤其是在一些学员刚刚考取驾照之后的事故高发时期。如果在学员取得驾照之前,驾驶练习的距离越长,在他拿到驾照之后,驾驶过程当中发生事故的风险就会大大降低。在接受培训的时候,这些新的驾驶人应该尽可能进行较长路程的驾驶。这不仅仅是技能熟练的问题,人脑需要不断地重复才能更加熟悉驾车的动作要领。

限制训练时长是不合理的。因为掌握真正的驾驶技术需要大脑有一个适应的过程，很多时候正是因为人们的反应时间过长才酿成了事故的惨剧，所以为了保证交通的安全，除了在培训过程当中要有正确的内容、端正的态度外，还要有足够的驾驶经验和驾驶的距离。

我们得出的结论是：驾驶距离非常重要。有一个问题是，如果学员驾驶的距离越长，他们要支付给驾校的费用就会越高。在这里举一个比利时和奥地利的例子，在这两个国家，青年人在学习驾驶过程当中，他们不去驾校，而是靠自己的父母或者身边有驾驶经验的人进行培训，这样的结果是，他们的练习时间更长，驾驶的距离更长。我们建议在理想的情况下，应该采取驾校培训和接受父母培训（自学）两种方式交替进行。因为去驾校可以学专业系统的知识和技能，更加有安全技术保障。跟着父母训练，练习的机会更多，练习的时间更长，同时价格也会更低廉一些，在比利时和奥地利这样结合起来的例子值得借鉴。

比利时嘉宾做交流发言

Q4：韩国是否将道路交通安全知识内容纳入到义务教育当中？

A4：韩国当然有这方面的实施，在每个义务制学校当中都会讲授道路交通安全知识。小学一年当中有 51 个小时的义务驾驶教育时间，其中至少有 10 个小时需要父母同时陪同参加，在教育孩子的同时要对他们父母进行再教育。

第二节　驾驶培训管理政策和制度

Q1: 韩国的驾校审批制度是怎样的?

A1: 在韩国，一个地区驾校数量上是没有限制的。建设驾校首先要去申请场地，包括达到驾校运营所需要的所有人财物方面的要求，并得到公安部门的许可，在获得许可后驾校全部建设完之后的 6 个月时间内接受公安部门的评估，评估合格方可正式开始运营。评估内容主要由物理性安全设施、运营人员的(基本和专业)素质组成。每部分至少取得 70 分，否则要重新进行整改完善。一个驾校的成功运营一般要进行多次反复验收和整改。这并不是韩国独有的，在日本也是这样一个过程。

Q2: 据了解，奥地利会针对取得驾照的新驾驶人进行再教育，具体是怎样实施的呢?

A2: 奥地利推行了一个措施，是在新的驾驶人取得驾照 6 ~ 9 个月之后，必须要抽出半天或者一天的时间回到驾校，参加一个讨论活动，分享一下他们在过去 6 ~ 9 个月之间的驾驶体验。因为他们发现，在取得驾照 6 ~ 9 个月之后，一些人就过于乐观，或者是盲目自信。比如说刚刚取得驾照的时候，这些新驾驶人还比较小心，但是开了 3、4 个月之后就会对自己的技术非常的自信，有时候会犯一些错误，甚至养成不良的习惯。所以推行这样的措施是非常必要的，如果拒绝参加，必须要缴纳罚款，金额非常高，甚至还会面临驾照被没收的风险。

Q3: 教练员的管理如何开展? 如何对教练员的水平进行科学评价?

A3: (中国香港嘉宾) 首先，香港驾驶学院对教练员的要求很高，原因在于我们教练员的工资在全香港是最高的。如果你给他的工资比其他驾校的教练员高一点，你对他的要求高一点，他就可以接受，也会认为这是应该的。

我们选拔教练员是很严格的。在他们拿到政府的教练员证照以后，经招聘到我们驾校任教还要有 12 个月的内部培训。拿到教练员证照到香港驾驶学院只是一个准教练员而不是真正的教练员。他在见习期间，我们会有一个资深教练员坐在后面，对他进行指导并打分。指导考评的内容一般为交通法规(包括最新道路安全交通法规)、公司理念、驾驶技能、职业心理、安全意识、责任意识等。另外，学员对教练员的评价也很重要。

我们从很多维度来进行考评，这是一个系统的考评。我们希望教练员来到公司，跟我们一同努力，一同打拼，一同成长，把这个公司经营得更好。

(中国嘉宾) 对教练员的监管也是驾驶培训行业面临的最大问题。从国外的经验看，他们培训教练员的过程是非常细致的，需要一千多个小时的教练员培训学时。而国家现在恰恰把教练证的要求取消了，教练员不用培训直接上岗，隐患重重。如果教练员水平不够，教出的学员怎么可以做到安全驾驶？我们的管理部门也意识到了，通过大家不断的努力，让这个行业越来越健康。大家知道论坛是非官方性质的，有这么多同仁能参与其中，这也是带给行业的正能量，引领行业向规范的方向发展。

(韩国嘉宾) 在韩国，有一个专门的机构叫韩国道路交通安全公司，每年举办一次针对驾校教练员的考试，主要内容包括了驾驶技术、个人素养等，这对教练员之后的教师资格是非常重要的。驾驶技能考试、心理学考试与普通的考试是不一样的，要更难。

第三节　驾驶证考试制度与创新

Q1: 请问比利时与法国的专家，在您的国家驾驶证考试是如何开展的？

A1:（比利时嘉宾）在比利时，驾驶证考试机构受政府控制，不是由机构自主负责。在比利时有大约 50 家驾驶证考试机构，都已与政府进行签约，在政府的管理之下组织考试。所有的考试都是统一规定、统一标准，考试项目由理论测试和实际道路考试两部分组成。就考试内容来说，理论测试包含很多题目，实际道路考试中也有标准化的测试。考试程序一般为学员首先进行抽签，然后到抽到的编号场地上接受测试，期间会有一名考官来评测他的驾驶行为。

还有一点值得我们思考，在美国的一些州推行的是 GDL 系统（递进式驾照）。将驾照分为两到三个等级，最初的等级可以开车，但是面临比较多的限制，比如说只能在特定的道路上行驶，夜间不能开车等。随着驾照的级别越来越高，驾驶人所面临的限制就会越来越少。当然推行这样的政策需要立法的跟进，这个系统也比较复杂，还需要我们认真研究。这样的分级系统的好处是不会有情形完全一致，或过于简单化的驾照考试系统。

（法国嘉宾）法国在 2013 年以前所有的驾照考试都是由交通部的监察员进行的。2013 年之后，时任经济部部长的马克龙做出决定：在法国开设 2000 家私人考试中心，对学员进行理论考试。所有的考试中心都必须遵守交通部制定的严格规定，政府建立了一个信息系统，会连接所有的考试中心，以便让中心协调统一，而不是各自为政。对于实际道路场地考试，也就是类似中国科目二、科目三这样的考试，全部由交通部派监察员进行考试。实车考试大约进行 35 分钟，其中有 25 分钟是学员在车上驾驶，由监察员评判考核。法国驾照考试的改革，主要是让学员可以更加容易和便捷地参加考试，让监察员可以完全关注于评判学员的驾驶考试过程。

Q2: 韩国作为中国的邻国，与中国的驾照考试制度有很多相似之处，同时也有所不同，请韩国的专家介绍一下?

A2：韩国驾驶考试共有两种：一种是驾照考试，在驾校内国家所属的考场内进行；另一种是个人驾驶素质教育考试，在驾校所属的教学场所内进行。这两种考试都在驾驶学校进行。

韩国和中国的驾照考试是有一些区别的。在韩国驾照考试是在自己的驾校中进行，考完把成绩提交给管理部门。中国的驾照考试管理部门是公安部门，考试过程由公安部门独立完成。韩国驾驶学校的建设由政府批准，具体标准和建设很严格，考试过程可以自主安排。学校建设一般需要六个月的跟踪监督，并经过一系列的过程认证，最后才能够完全建立。在考取驾照方面，韩国驾校与警察部门之间虽然有联系，但没有中国联系密切。这种联系并不是指驾校机构与警察部门的联系，是考生与警察部门的联系，即警察部门有限度委托驾校进行考试。

韩国有 500 所驾校，其中含有考试功能的驾驶专业学校大约有 300 所。考生的考试信息从考场到驾校，再到警察部门实现实时传输。教学过程与中国的培训计时系统一样，上下车、指纹识别、考场位置、学时时长等信息也会同步传输到管理部门，只有这样才能做到公正、透明。否则，将会影响教练员的评级、考评。

警察部门对驾驶专业学校每年设置一次监督检查，监督力度非常大，通过外界与内部监督相结合的方式，推动驾驶专业学校的专业化水平不断提高。检查过程中检查人员有 3～5 人，涉及驾校许多教练员。韩国是没有国有驾校的，全部为私有企业。韩国对所有的驾驶培训人员会进行全方位的教育，但是对于全部国民或者全部交通参与者的公益式教育，目前还是没有的，唯一有公益性的项目，就是对儿童的交通安全教育。

如果说驾驶培训有公益性，就是针对每个学校当中的孩子们。韩国认为，对于孩子们及家长的交通安全教育可以称为公益性教育，这是协会和交管部门进行联合协调的制度之一。对于其他交通参与者的项目，目前还没有。但是我认为这是一个很好的问题，在未来可以进行尝试。

Q3: 据了解，比利时有一个关于自培模式的教学方式，由家庭培训可以上路学习驾驶的教学模式。请问这种自培模式对现有的驾校培训的模式会不会形成冲击？可能会占到什么样的比例？不知道在比利时是属于什么情况？具体介绍一下家庭培训的模式，在安全方面如何保证？有哪些条件限制？有没有相关的法律规定？

A3: 比利时其实在欧洲比较特殊。因为在比利时大多数人选择自培模式，找父母或者其他朋友教他们开车。其他欧洲国家的人们大多都是去驾驶学校学习，自培与驾驶学校培训之间的竞争一直都有。但是自学有一个比较大的好处，向家长学驾驶的实际道路练习距离会更长，练习的时间会更多，缺点是有些人自己教的并不好，而自己还不知道。还有些家长的孩子去驾驶学校学开车，是因为自己比较忙，没有时间教孩子。

现在比利时已经有两个新的进展，特别是在比利时讲荷兰语的地区，通过自培接受半天的培训过程，这样可以更好地教授新学员。我们研究院针对培训者（学员的父母和朋友）推出了一个系统。他们可以获得一些建议，同时我们也有一些软件来监测学员的驾驶行为，他们也会获得最新的信息。这个软件的名字叫智能驾驶，现在用户已经超过了5万人，不仅是新驾驶人和他们的父母，其他人也会因此受益。他们可以实时接收到自己关于超速或者不规范驾驶行为的反馈。虽然现在系统中还有一些问题，但一直在不断地完善和改进。

（中国嘉宾）刚才比利时的专家介绍到，虽然他们也有很多人选自培的方式，但是他们对于陪同学习的父母实际上也有一定的培训，有一定的跟踪。现在我们国家宣传的恰恰是这种跟踪机制，或者说我们的研究基础，通过软件分析和很多其他途径监测这种行为。我们目前正在做的是自学直考的评估、后评估、目前执行情况的评估等，更多的是关注自学直考的报名人数、考试合格人数等数据，对于培训中间过程的监管相对薄弱。刚才比利时的专家给我们介绍的这些经验，对于下一步完善自学自考制度，或者由家庭成员陪同训练的制度具有很好的借鉴作用，下一步我们将通过政策研究机构一同来推进这方面的工作。

第四节 驾驶培训行业的诚信与管理

Q1: 请中国香港嘉宾围绕这次诚信与安全的主题，结合香港地区的具体情况，为大家做一些经验的分享。

A1: 我想将诚信的范围收窄一点，跟大家分享一下香港驾驶学院怎样建立学生对我们驾校的信任。要让学生对香港驾驶学院有信心，涉及的不仅仅是驾校，还包括驾校中的每个人：教练员、前台销售人员、后台服务人员等，这是一个整体。

对驾校建立信任，不是从教练员开始，而是从销售开始，是从网站开始。当学员要看驾校驾驶训练的内容是什么，教程是什么，在网上就要给他很多的资料，要保证资料的准确性。香港驾驶学院是怎么做的呢？我们的整个教学都是高透明度的。学生知道他要学什么，教练员怎样教，教多久，具体是哪个教练员教。让每一个学员都知道在每个阶段学完以后，他的水平是什么，是否跟得上，跟不上的时候就会自然地要求补课。

每一个阶段有一个主题，这个主题是我们要教的内容，每个阶段都会给学员看教学短片。除了在车上训练以外，每个阶段都有重点教学短片，学员可以通过短片温习怎样学习驾驶，怎样掌握该阶段的重点。每个阶段还有理论课配合操作训练，保证真实的实车练习。每个阶段都是一个独立的整体，有对应的评分环节。

高透明度很重要。四个阶段教学的流程，除了新学员报名的时候进行详细的介绍外，每个学生还有一个专用的账户，通过这个账户学员可以在笔记本电脑或手机上观看整个教学的流程，重温每一个阶段要掌握的驾驶技巧，所以是高度透明的。

在新学员上课的时候，我们会告诉他们如果需要除教学之外的服务，可以找非教练员来寻求帮助。因为有些服务学员直接告诉教练员会不方便，也会很尴尬，所以我们会有另外一些人员负责类似这样的服务。当然，我们还要知道是什么原因并进行改善，这样学生就会对我们有非常好的信任。

我们有一个短片是介绍教学流程的。为什么我们把这么重要的东西，近乎商业秘密放在我们的网站上？这也是我们与学员建立信任的方式，因为他们到我们的网站一看一比较，就知道香港驾驶学院是怎样提供驾驶培训服务的，清晰明了。香港驾驶学院的价格是全香港最贵的，比其他驾校贵 2 ~ 3 倍，但是我们的市场占有率却达到了 50%，这说明很多人还是愿意负担相对高的成本去接受高质量的训练。当然，要建立品牌，保持质量还有很长的路要走，这是一个正确的方法，拼命地降价没用，这样只会导致恶性循环。

中国香港嘉宾做交流发言

Q2: 如何加强驾驶培训行业的诚信体系建设?

A2: 这次论坛的主题是诚信与安全。目前驾驶培训行业存在诸多不诚信的现象。不按照大纲进行培训的驾校比比皆是，尽管最近技术手段不断进步，GPS、监管服务平台等方式逐步运用，但是从学费价格就可看出端倪，很多驾校学费如此之低，成本从哪儿来？利润怎么实现？只能通过作假，这是驾培行业不诚信的最突出的表现，并由此降低了质量，降低了效率，扰乱了市场。

从长远来看，第一，驾驶培训行业的诚信体系建设需要土壤、需要环境，驾驶安全、道路交通安全是诚信的环境。通过培训能使学员掌握安全驾驶技能，这才是诚信。第二，应发展制度文明，加强制度建设，驾驶培训行业在制度建设上还落后很多，相信未来经过我们的呼吁、举办论坛，经过行业同仁、政府顶层设计的努力，一定会产生利于诚信企业发展导向，各种制度会对诚信企业、品牌企业释放更大的利好。第三，是关于驾驶文化的问题。当一个社会不约而同都在为道路交通安全而努力的时候，就不存在诚信的问题了。我国的驾驶培训行业发展起步比较晚，发展时间较短，但通过汇聚每一个良心企业的努力，诚信体系定会逐步建立起来。

Q3: 怎样通过技术手段实现驾驶培训过程的监管？

A3: 现在省市驾培监管的手段非常薄弱，不依靠科技手段是不行的。中国很大，外国嘉宾所在的国家，只能相当于我国的一个地区，法国的培训量一年才100万，赶不上我国一个省的培训量。如果监管没有统一的话，很难有明显的效果，通过省级监管平台，用现代化的手段，让整个行业的人通过一个平台来管理，达到提高规范性的作用。

Q4: 目前驾培行业面临产能过剩，很多驾校管理混乱面临倒闭，请问如何看待驾培行业未来的发展方向？

A4: （中国香港嘉宾）这是一个很大的问题，我们一个小小的香港驾驶学院是解决不了的。因为每一个地区有它特殊的环境，这个特殊环境包括当地的文化，当地管理部门对驾校的管理政策等。每一个地区都有它特殊的背景，也有它独有的发展过程，所以不能照抄。在香港，负责管理驾驶学校和驾照考试是同一个政府部门——香港政府运输署，警察部门没有参与管理，所以很难有一个通用方案可以解决所有问题。不过，我可以分享一下我们的经验，以抛砖引玉。

我们香港驾驶学院也有很艰难的时候，就是外面其他的驾驶学校的学费价格很低，生意很难做。我们想，生意这么难做，那我们办驾驶学校是为了什么。当然是教学员怎么驾驶。我们要提供培养交通安全素质的训练、高质量的驾驶培训。想实现高质量的培训就不可能有低廉的价格，所以我们股东一致决定要办最好的驾驶学校。

我们花了很多人力、精力、金钱，一步一步建立起我们的品牌，一步一步提高我们的培训质量，实现了现在的成就。

（中国嘉宾）刚才提到了如何做高质量的培训，有的企业可能觉得这样会亏损运营三年、五年，我觉得用不了。只要专注于给学员服务到位，按照教学大纲培训施教，不吃拿卡要，在教学过程当中传授真正驾驶技能的同时，为学员提供良好的服务，让他在学车的过程中感到舒心，树立品牌的时间就不会太长。我为什么有这样的自信？分析一下中国大陆学车的人群，90后乃至95后慢慢会成为学车主流，学车报名的费用由家长负担，任何一个家长都不会随便找一个驾校，因为这关乎生命安全。学车的观念在变，过去追求学时少图快，现如今大多数的父母为孩子选择驾校，追求高品质技能过硬。由此可见，驾校单纯追求合格率的时代已经过去，追求最低事故率、最低违法率、最低死亡率成为主流。

Q5: 韩国的行业协会在驾驶培训行业如何发挥作用？

A5: 在韩国，驾驶专业学校联合会代替所有驾校行使协会的职能，并形成制度。这种制度的主要内容有两个方面：一是向管理部门（警察部门）提出驾校的诉求，如应尽可能统一驾驶学校训练考试设施，统一教学教材等。二是以统一口径回应社会关切，协会有相应的收入，可在行业会议中召集有关专家，就社会关心的议题进行讨论。这种制度的作用是积极的且卓有成效，韩国驾驶专业学校联合会经常召开圆桌会议，召集专家在一起讨论方案，再把制定的方案和策划书递交给警察部门。讨论的内容非常广泛，涉及培训内容、道路交通安全管理、授课难易程度等。这一制度始于1986年，经过发展逐步实现透明化、制度化、快捷化，在修订政策、调整措施方面起到了良好的效果。通过协会的努力，韩国的驾驶学校得以快速发展。

第五节　新技术在驾驶及驾驶培训领域的应用

Q1: 如何看待自动驾驶技术?

A1: 自动驾驶汽车真的是概念上的革新，还是说只是对过去概念的延伸? 法国的法律中有不少规定是关于限速的,有的时候法律不能有效地对速度进行限制，假如汽车驾驶人钻了法律的空当，盲目提高车速，就会大大增加事故的风险。当一辆自动驾驶汽车发生事故的时候，我们就很难断定这个事故的责任到底是谁，我们很难断定谁应该负法律责任，谁去接受处罚，所以还是有很多没有解决的问题，但是自动驾驶汽车会带来巨大的经济利益，它可能对环境和公共健康是有益的，但是我们一定要以一种正确的视角去看待这个问题，需要一种在国际上通行的技术标准。

Q2: 请介绍一下法国在道路交通安全方面采用的新技术?

A2: 法国目前正在开展 AMARE 计划，即汽车驾驶安全电子监控系统，监控系统控制着汽车的行驶。在大自然里，动物要成群结队行进，这样就可以节省许多能量，比如大象结伴前行时，只有最前面的那头大象的能量消耗较多，后面的大象都是用鼻子搭在前面大象的尾巴上前行的，这就是 AMARE 计划的思想。在欧洲有很多自动除草机，里面已经放入提前设置好的程序，它们可以根据编好的程序自动实现离开原位置、除草、充电等功能。在 AMARE 计划的下一阶段，如果技术可以实现标准化，我们就可以在同一个地方接受各种各样不同的车型，在开车的时候这些汽车可以互相连接，同时前进，就像一列小火车，节省能源的消耗。

Q3: 目前国内的机器人教练技术发展现状如何?

A3: 机器人教练发展到3.0以后，许多实地调研的领导都感叹，人工智能技术的发展如此迅速。现在机器人教练发展到第三代以后，已经实现了大多数人工教练的功能，甚至能分析驾驶教学水平以及驾驶教学的规范性、合格率等。综合比较来看，当今机器人教练的知识积淀、承载数据量、教学精准度等都要远远高于人工教练员。机器人教练是真正的人工智能，把人工智能做好，一定可以实现产能优化。机器人教练不再像过去的电子教练或者模拟系统一样，提供的不仅仅是产品，而是一体化的解决方案。

分论坛会场

第五章

“中国车驾管回眸展”掠影

古代中国以左为尊，唐朝时期，长安、洛阳等大城市逐渐兴起，每天进出城门的人数很多，因此唐太宗特别颁布法案规定出入城门必须按照“入由左，出由右”的规定进行。这是我国第一个对城市道路交通做出的规定。而从 20 世纪 30 年代开始，汽车大量进入上海，左舵的美制汽车占比巨大，这些汽车在上海道路上行驶就极为不便。到了 1946 年，全国所有车辆改为一律靠右行驶。从此之后，左舵右行成了出行的规则。

以前的驾照是什么样子的？以前的交通法则是如何的？第三届“机动车驾驶培训与道路交通安全国际论坛”上，还举办了“中国车驾管回眸展”。展览上，44 类共计数百件珍贵藏品对外展出，系统地回顾中国车驾管的历史进程。重量级珍贵展品有：中国最早交通法规石碑拓片（宋代），中国最早提及交通官职的石碑拓片（明代），中国最早道路安全标语石碑拓片（清代），新中国制式驾驶证变迁（20 世纪 40 年代至今），毛主席题字地名的北京、天津和湖南车牌，中国创意象形文字车牌，金属材质等罕见行驶证，中国最大及最小车牌，牛车、马车、驴车、骡车驾驶证及车辆行车证，世界最重汽车牌（朝鲜早期铸铁近十斤），水车、粪车等罕见车牌，万公里至亿公里安全驾驶奖章，中国最大及最小车牌，民国至今代表性通行证，驾驶学习的珍贵书籍，还有各个时期车驾管业务历史资料等珍贵物证。

第一节　古代中国交通驾管相关文物记录

中国最早交通法石碑拓片（宋代）

中国最早提及车驾管理官职的石碑拓片（明代）

中国最早道路安全标语（清代）

第二节 近现代中国驾驶证变迁

1929 年汽车驾照

1938 年汽车驾照

1948 年汽车驾照

1951 年汽车驾照

1966 年汽车驾照

1970年汽车驾照

1986年汽车驾照

1997年汽车驾照

1937年租界自行车驾照

1939年租界汽车驾照

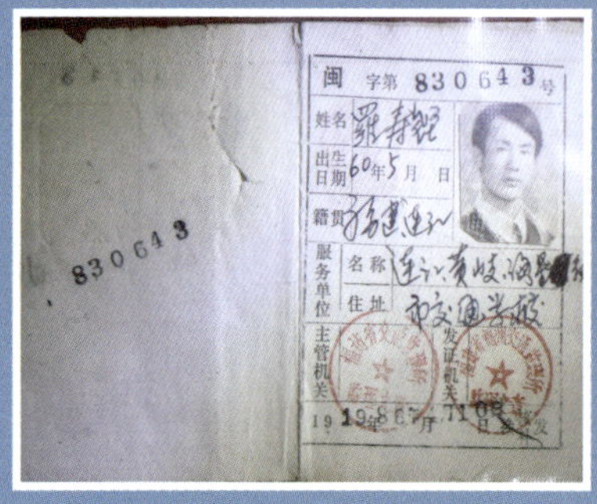

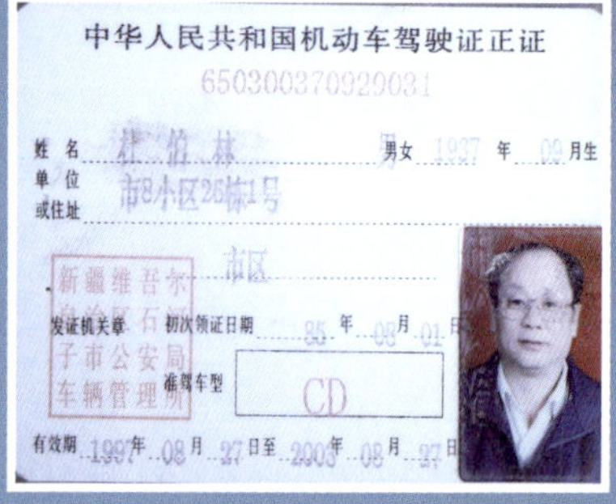

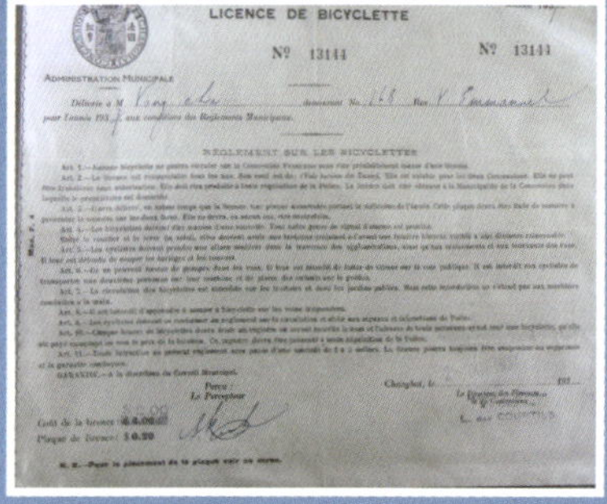

1940年租界黄包车驾照

1940年租界摩托车驾照

1941年租界汽车驾照

粪车垃圾车驾照

挂篓车驾照

摩托车驾照

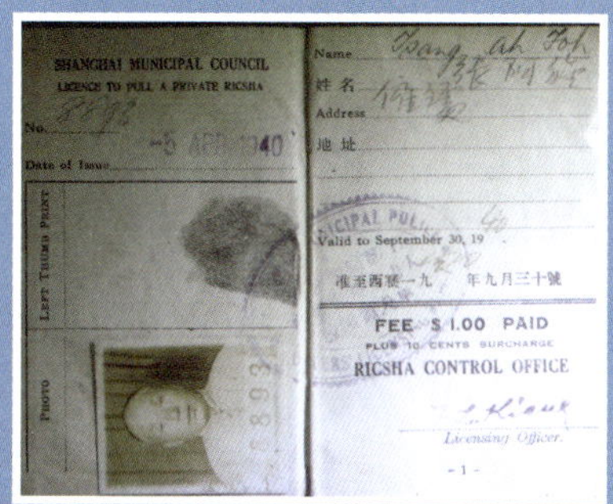
SHANGHAI MUNICIPAL COUNCIL
LICENCE TO PULL A PRIVATE RICSHA
No.
Date of Issue -5 APR 1940
LEFT THUMB PRINT
PHOTO
Name Tsang ah Fok 張阿福
姓名
Address
地址
Valid to September 30, 19
准至西歷一九　年九月三十號
FEE $1.00 PAID
PLUS 10 CENTS SURCHARGE
RICSHA CONTROL OFFICE
Licensing Officer.
- 1 -

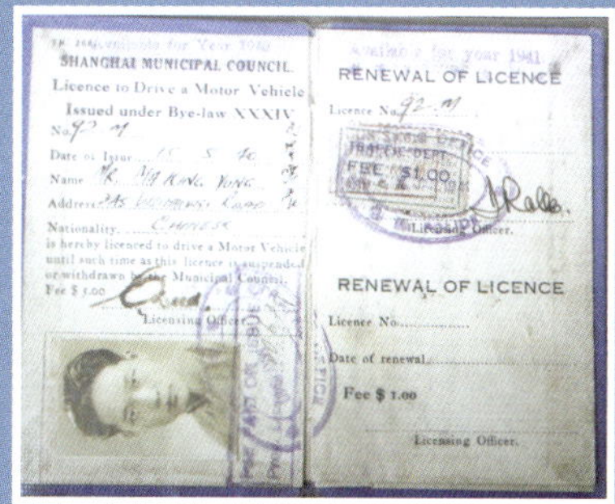
SHANGHAI MUNICIPAL COUNCIL.
Licence to Drive a Motor Vehicle
Issued under Bye-law XXXIV
No. 92-M
Date of Issue 15 5 40
Name
Address
Nationality Chinese
is hereby licenced to drive a Motor Vehicle until such time as this licence is suspended or withdrawn by the Municipal Council.
Fee $ 5.00
Licensing Officer.
RENEWAL OF LICENCE
Licence No. 92-M
FEE $1.00
Licensing Officer.
RENEWAL OF LICENCE
Licence No.
Date of renewal
Fee $ 1.00
Licensing Officer.

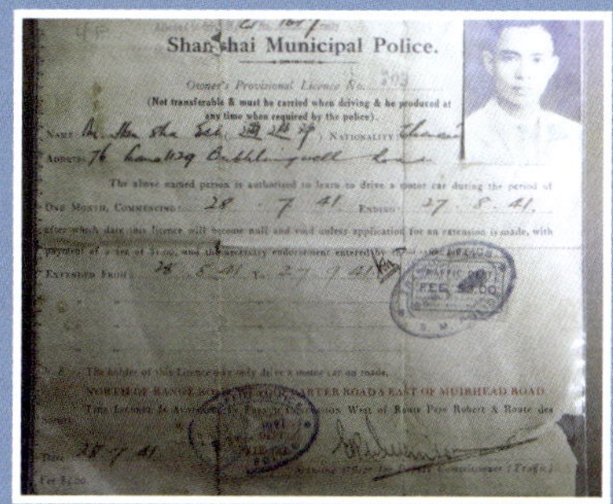
Shanghai Municipal Police.
Owner's Provisional Licence No.
(Not transferable & must be carried when driving & be produced at any time when required by the police).
Name　Nationality
Address
The above named person is authorised to learn to drive a motor car during the period of
One Month, Commencing 28 7 41 Ending 27 8 41
after which date this licence will become null and void unless application for an extension is made, with
Extended From
Date 28 7 41
Fee $1.00

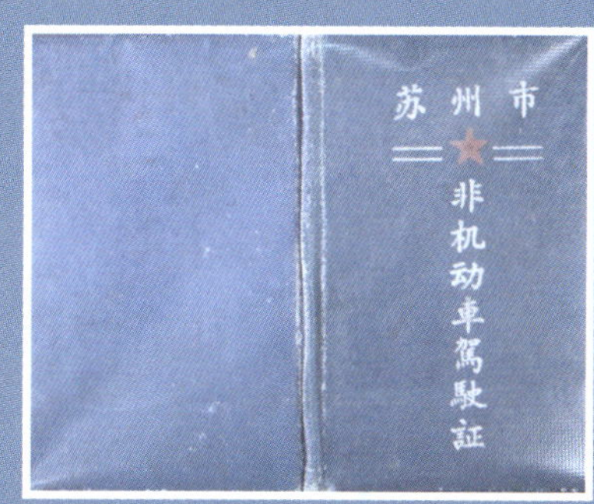

驾驶員变更記录

日期	变更事项	登記机关

准駕車輛类别

三輪車		大板車	
四輪車		小板車	
挂篓車		獸力車	

苏州市公安局執照之章

江苏省常州市
三轮车驾车执照
常州市公安局交通局制
云南省玉溪专区
馬車駕駛执照
山东省
简易机动车驾驶证
辽宁省
拖拉机驾驶员证
黔东南自治州
獸力車执照
黔东南州交通局制
自行车驾驶证
驴车驾照
黄包车驾照
三轮车驾照
马车驾照
简易车驾照
拖拉机驾照
牛车驾照
骡车驾照
自行车驾照

第三节　近现代中国车辆行驶证变迁

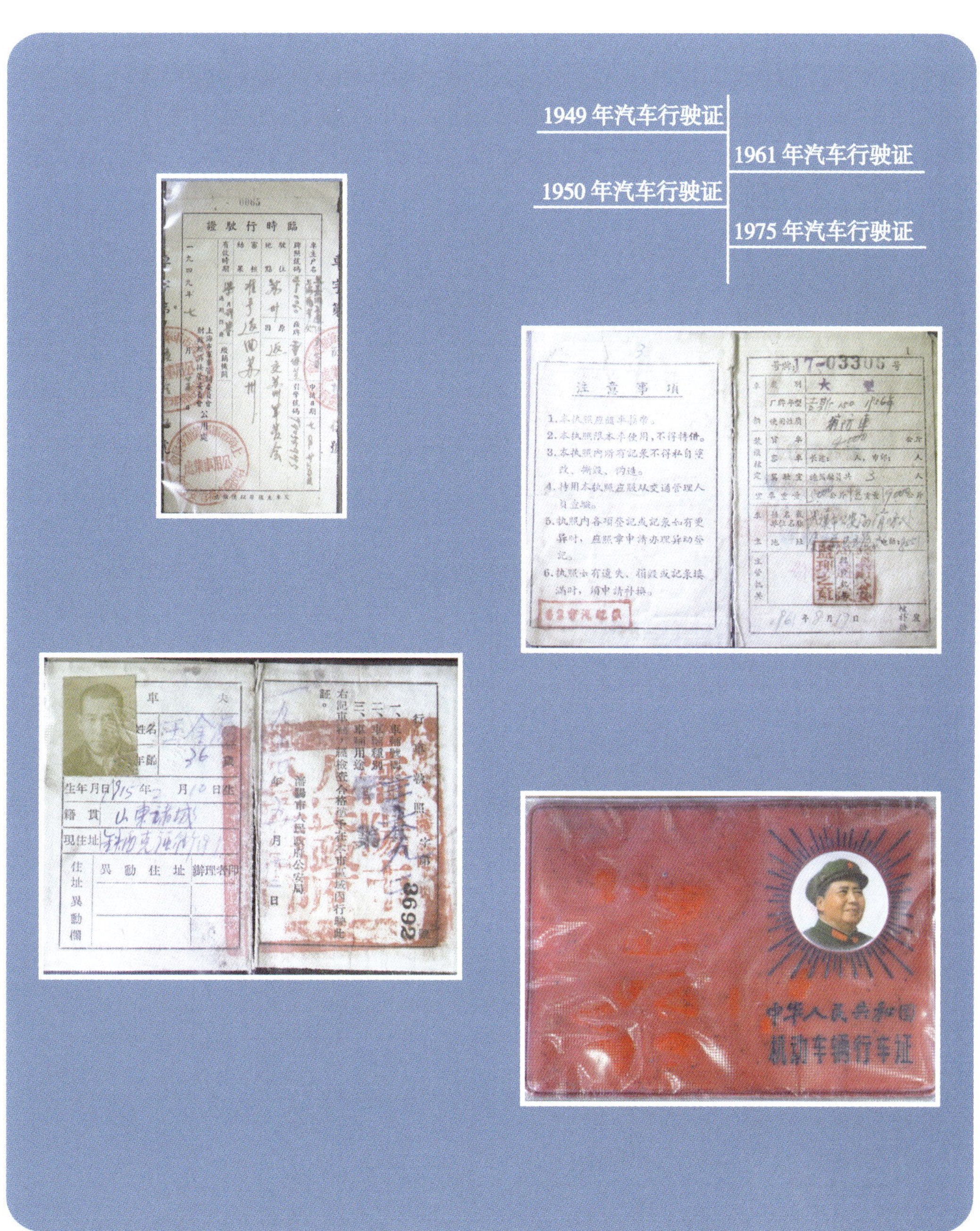
1949 年汽车行驶证
1950 年汽车行驶证
1961 年汽车行驶证
1975 年汽车行驶证

1987 年汽车行驶证

1998 年汽车行驶证

2010 年汽车行驶证

1934 年自行车行驶证

1951 年自行车行驶证

1965 年自行车行驶证

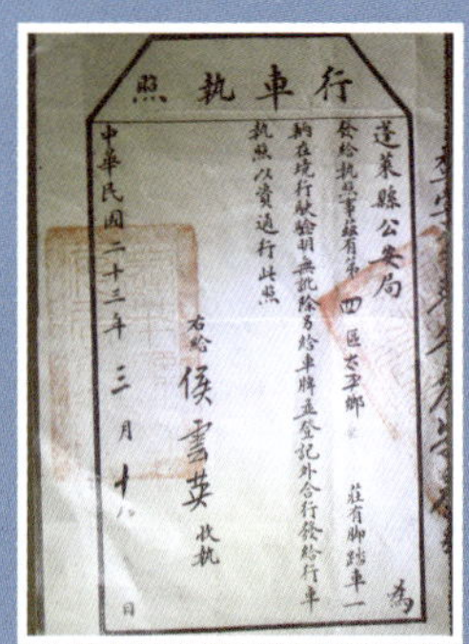

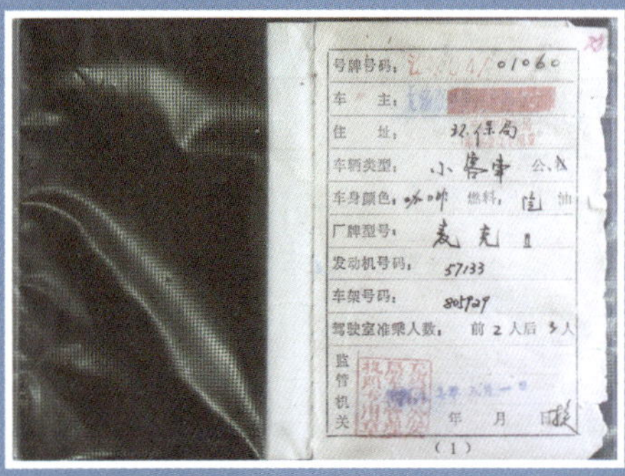

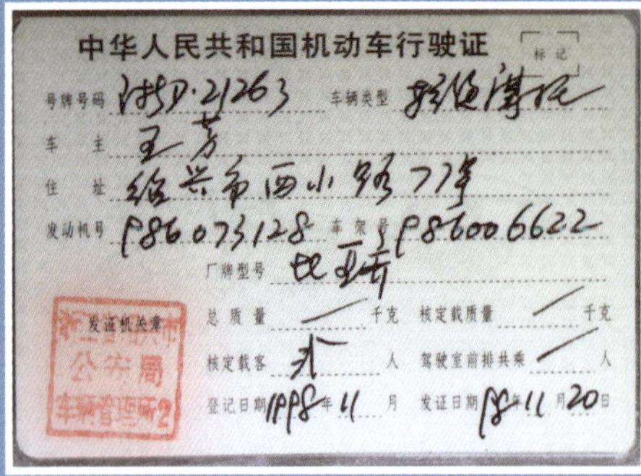

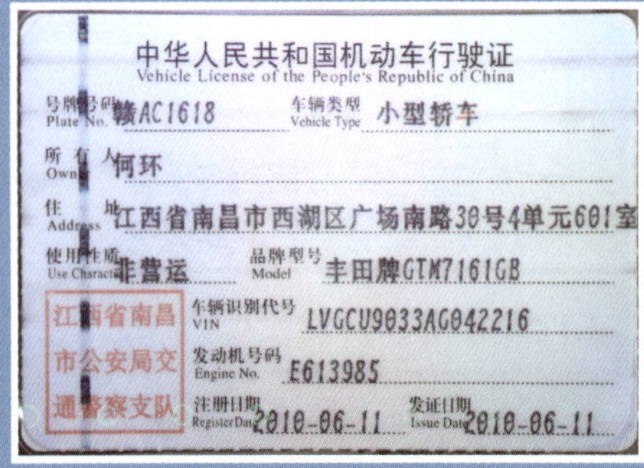

1975 年自行车行驶证

1986 年自行车行驶证

1998 年自行车行驶证

2003 年自行车行驶证

人力车行驶证（金属）

地排车行驶证

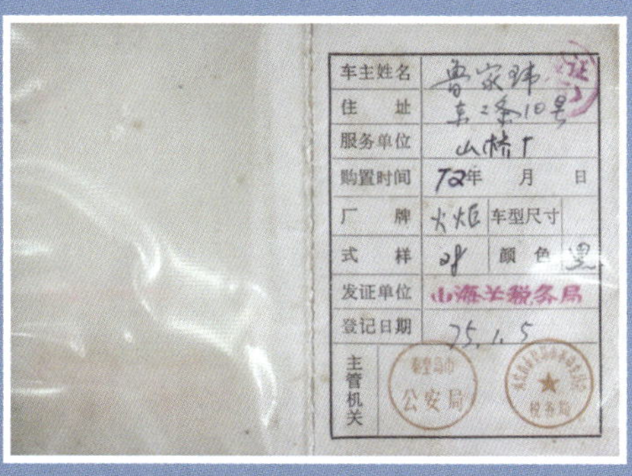
车主姓名
住 址
服务单位
购置时间 72年 月 日
厂 牌 火炬 车型尺寸
式 样 28 颜 色
发证单位 山海关税务局
登记日期 75.1.5
主管机关 公安局 税务局

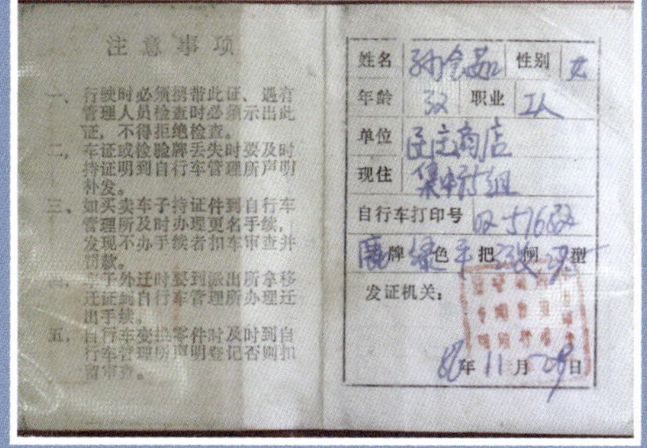
注意事项

一、行驶时必须携带此证，遇有管理人员检查时必须示出此证，不得拒绝检查。

二、车证或检验牌丢失时要及时持证明到自行车管理所声明补发。

三、如买卖车子持证件到自行车管理所及时办理更名手续，发现不办手续者扣车审查并罚款。

四、车子外迁时要到派出所拿移迁证到自行车管理所办理迁出手续。

五、自行车变换零件时及时到自行车管理所声明登记否则扣留审查。

姓名 性别
年龄 职业
单位
现住
自行车打印号
厂牌 色 车把 闸 型
发证机关：
年 11 月 日

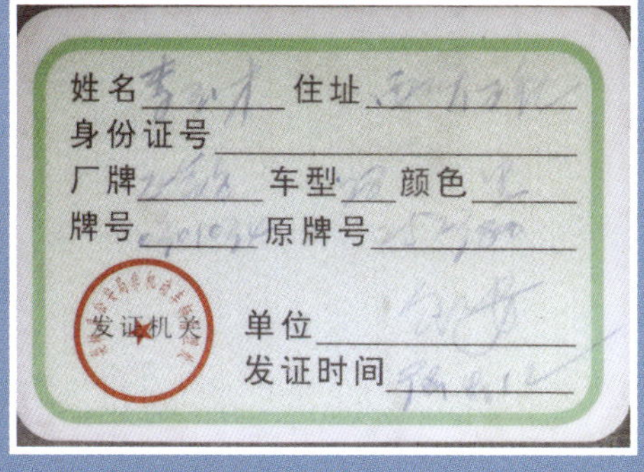
姓名 住址
身份证号
厂牌 车型 颜色
牌号 原牌号
发证机关 单位
发证时间

北京市非机动车行驶证
Beijing Non-Motorized Vehicle License
号牌号码 050690470 车辆类型 自行车
车辆所有人 闫子文
住所地址 朝阳区八里庄东里49-1-13号
身份证明名称 居民身份证 车身颜色
品牌 型号 永久26男 钢号 050690470
登记日期 20030302

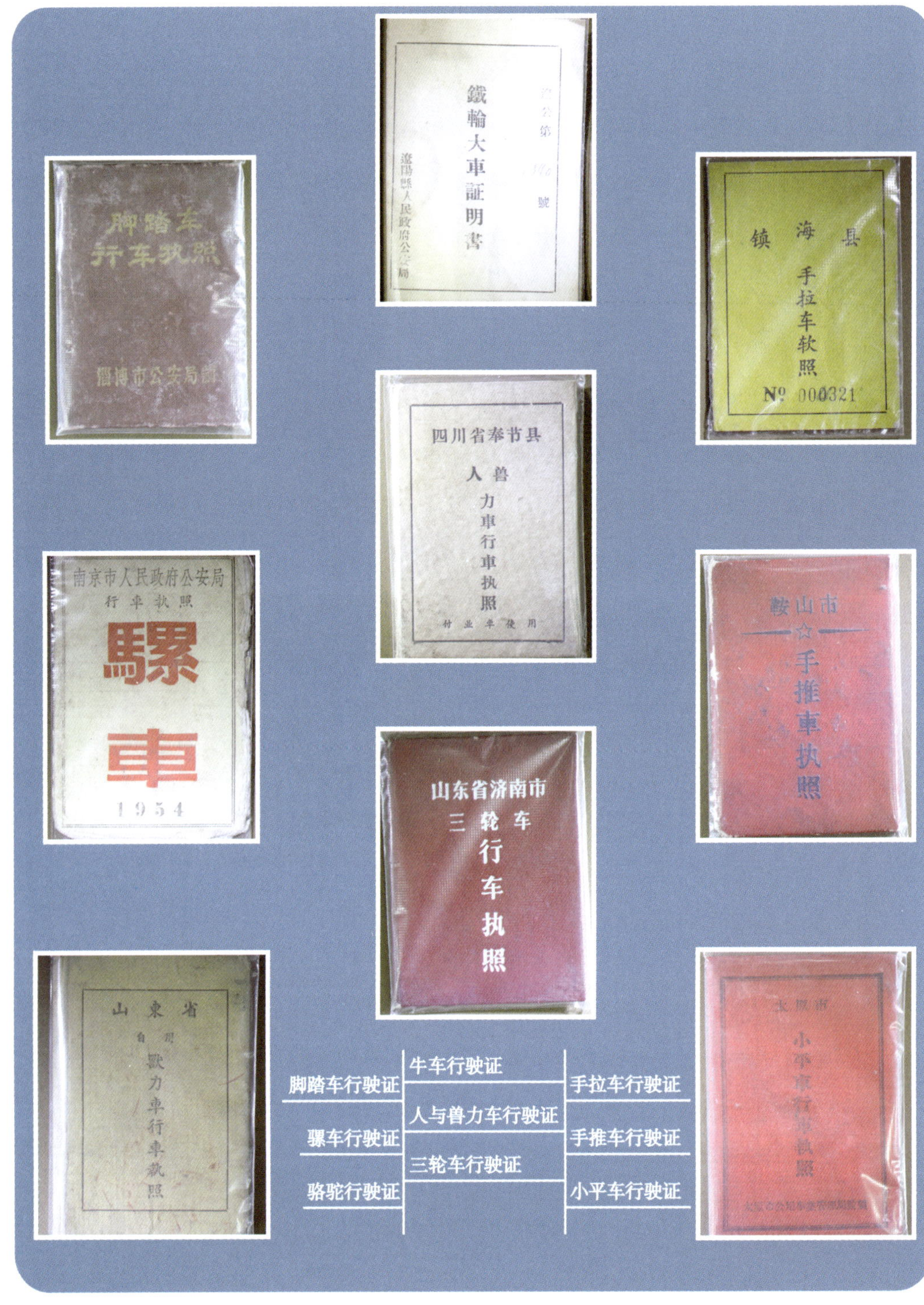

鐵輪大車証明書
遼陽縣人民政府公安局
脚踏车
行车执照
镇海县
手拉车执照
№ 000321
四川省奉节县
人兽
力車行車执照
付业车使用
南京市人民政府公安局
行車执照
騾車
1954
鞍山市
手推車执照
山东省济南市
三轮车
行车执照
山東省
自用
獸力車行車執照
脚踏车行驶证
牛车行驶证
手拉车行驶证
人与兽力车行驶证
骡车行驶证
手推车行驶证
三轮车行驶证
骆驼行驶证
小平车行驶证

第四节　其他国家和地区驾驶证

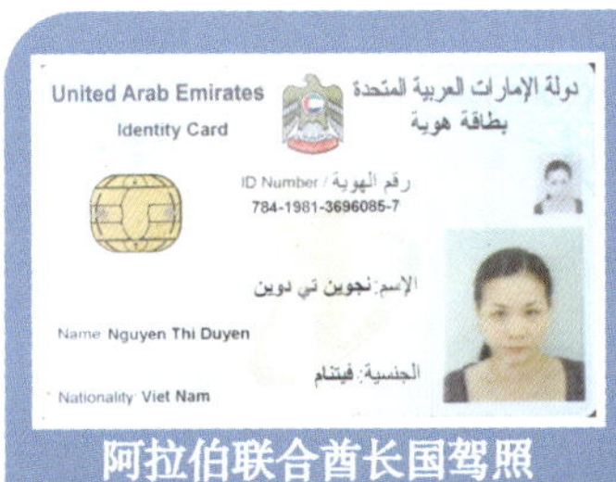

阿拉伯联合酋长国驾照

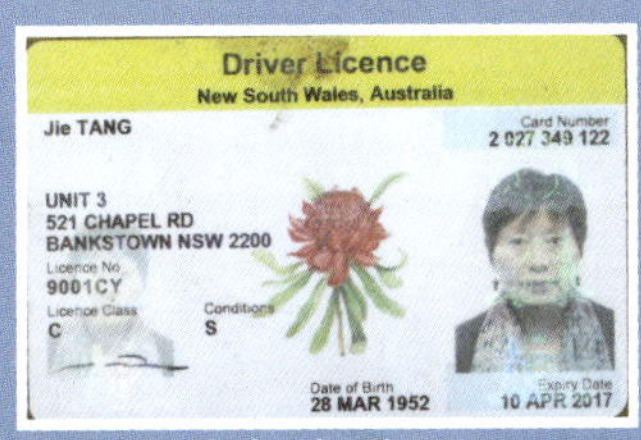

澳大利亚驾照

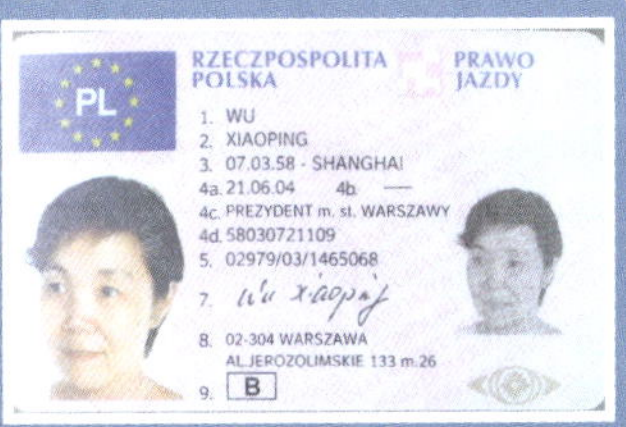

波兰驾照

德国驾照

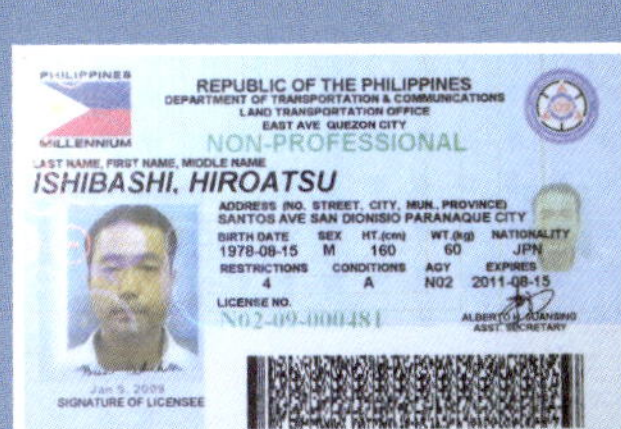
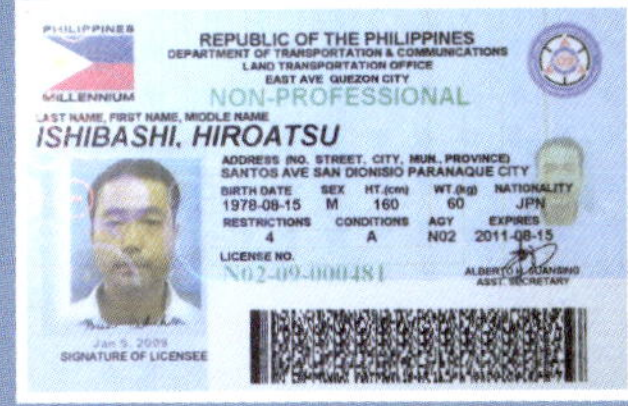

菲律宾驾照

韩国驾照

加拿大驾照

马来西亚驾照

美国加利福尼亚驾照

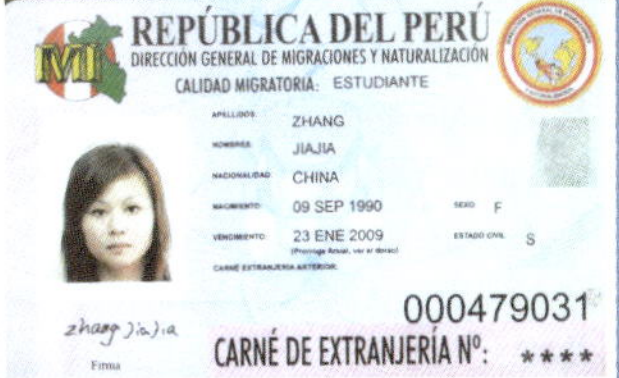

秘鲁驾照

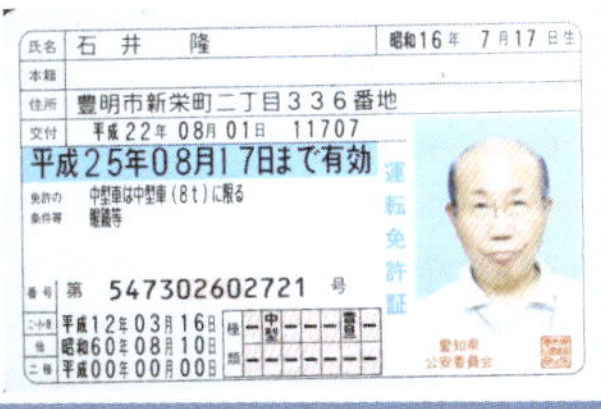

日本驾照

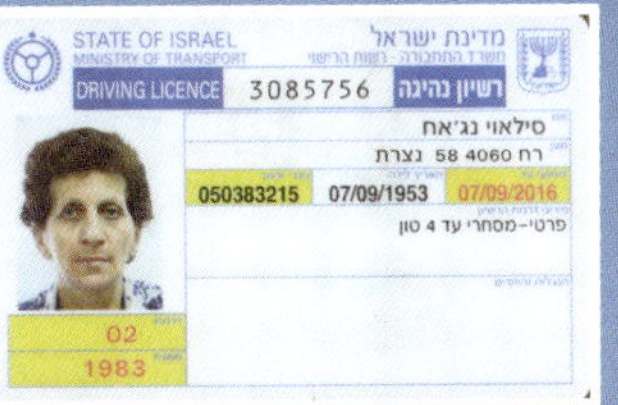

以色列驾照

印度尼西亚驾照

英国驾照

第五节　各时期车牌、通行证、检验标志等

2.5 万公里奖章　5 万公里奖章　10 万公里奖章

15 万公里奖章　20 年安全驾驶奖章　20 万公里奖章

25 万公里奖章　30 万公里奖章　40 万公里奖章

50 万公里奖章　60 万公里奖章　70 万公里奖章

80 万公里奖章

100 万公里奖章

100 万公里以上奖章

150 万公里奖章

1953 年汽车驾驶员奖状

1962 汽车驾驶员奖状

安全驾驶员奖章

安全为先奖章

年度安全奖章

肖培俊式驾驶员奖章

亿公里奖章

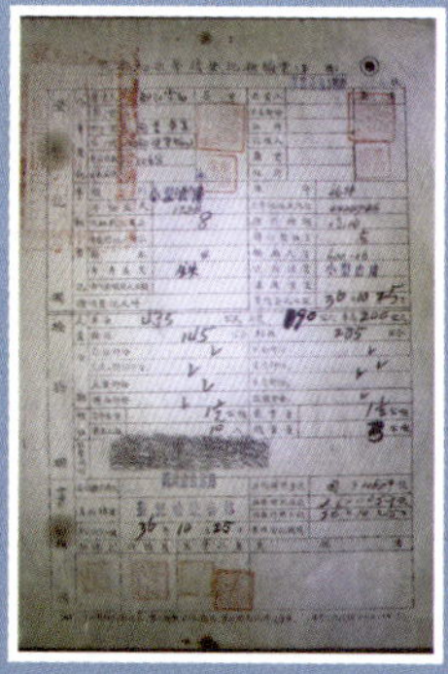

1947 年车辆检验登记

1968 年车辆检验登记

1976 年车辆检验登记

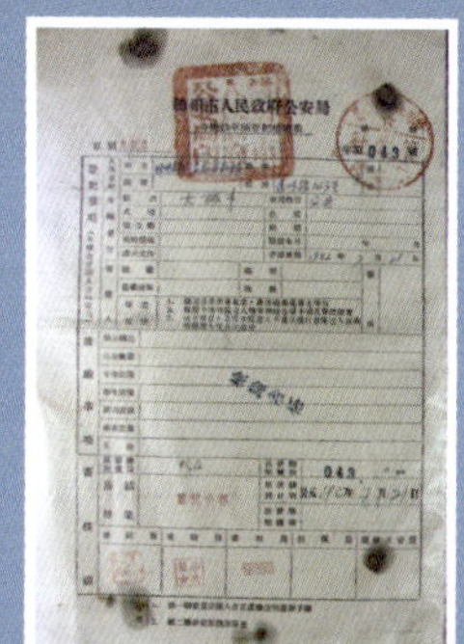

1952 年车辆检验登记

1988 年车辆检验登记

2010 年车辆检验登记

1995 年车辆检验登记

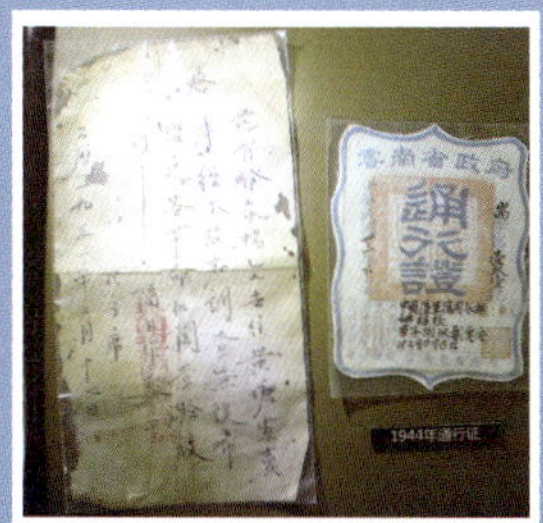

1944 年通行证

1977 年通行证

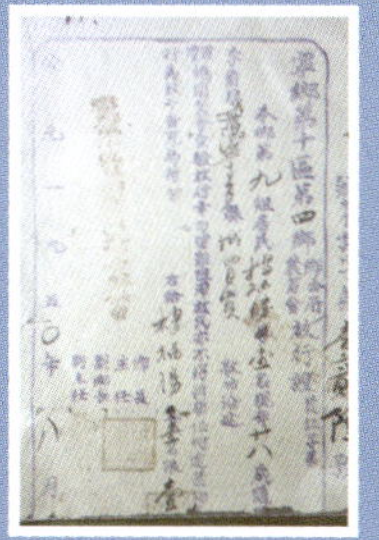

1950 年通行证

1989 年通行证

1966 年通行证

1995 年通行证

公安部门颁发车牌

铝车牌

纸车牌

建设部门颁发车牌

木车牌

“公安”创意文字车牌

交通部门颁发车牌

铜车牌

“太原”创意文字车牌

税务部门颁发车牌

铁车牌

“盐城”创意文字车牌

“自行车”创意文字车牌

韩国使用时间最长的汽车牌（1973–2006）

1936 年江苏上海跨越车牌

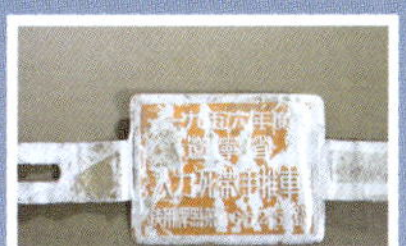

1956 年地方方言车牌

迄今发现的形状最特殊的车牌（加拿大）

毛泽东字体“湖南”车牌

中国最小自动车牌

迄今发现的最重车牌（朝鲜，约 5kg）

毛泽东字体“宁夏”车牌

中国最大车牌（军车）

迄今发现的中国最早教练车牌

毛泽东字体”天津车牌

手推车牌照

小平车牌照

骡车牌照

牛驴车牌照

三轮车牌照

脚踏车牌照

粪车牌照

残疾车牌照

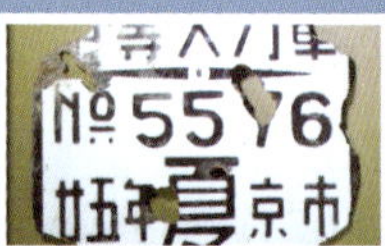

黄包车牌照

收破烂车牌照

拉水车牌照

马车牌照

第六节　各时期驾驶学习相关文件资料

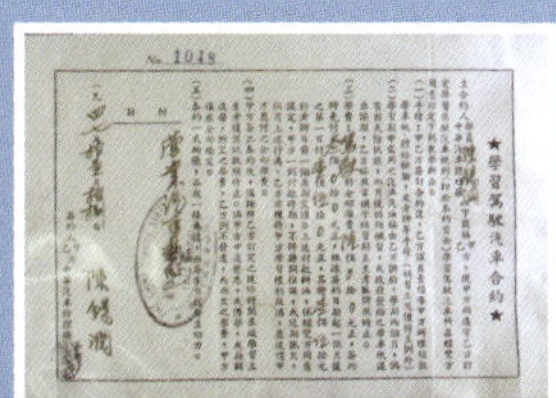

1947 年驾校学车合约

1950 年学习驾驶申请表

1947 年驾校招生广告

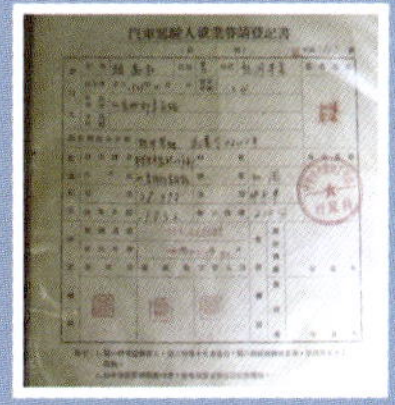

1953 年中央农工部
汽车司机申请登记

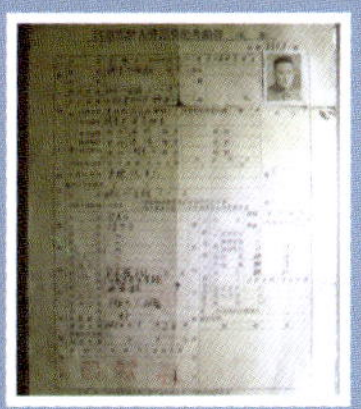

1947 年学习驾驶政审表

1966 年拜师学车合同

1948 年学习驾驶申请表

1933 年汽车驾驶教材

1960 年汽车驾驶教材

1948 年汽车驾驶教材

1975 年汽车驾驶教材

1951 年汽车驾驶教材

1982 年汽车驾驶教材

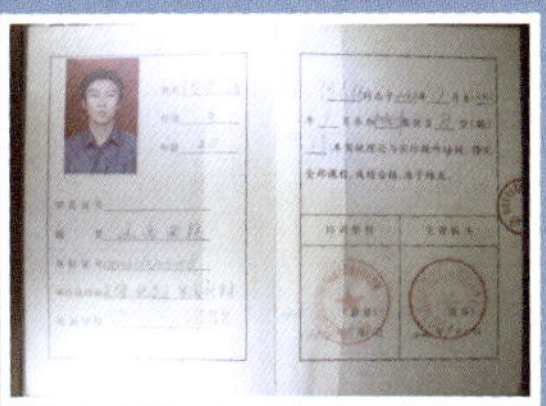

20 世纪末汽车驾驶结业证（非职业）

20 世纪末汽车驾驶结业证(职业)

1952 年汽车驾驶修业证

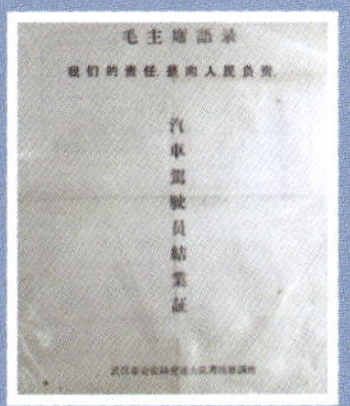

毛主席语录
我们的责任是向人民负责

汽车驾驶员结业证

1969 年汽车驾驶结业证

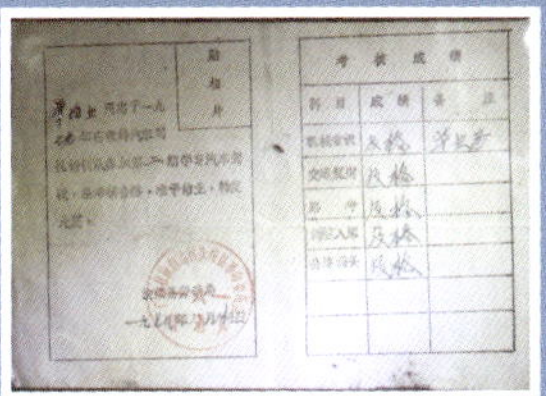

1979 年汽车驾驶结业证

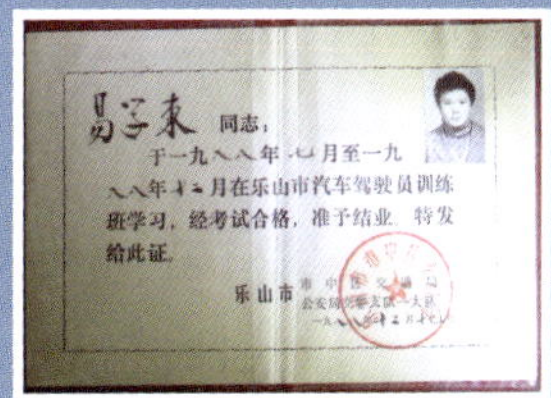

易学东 同志，

班学习，经考试合格，准予结业，特发给此证。

乐山市

1988 年汽车驾驶结业证

1995 年汽车驾驶结业证

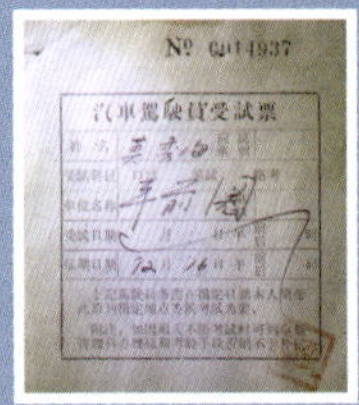

1952 年汽车驾驶准考证

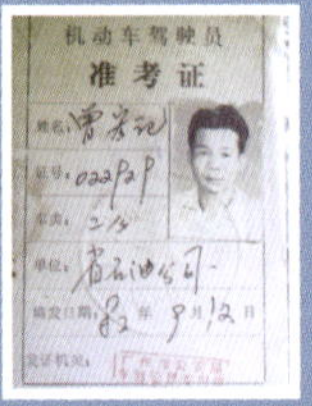

机动车驾驶员
准考证

1983 年汽车驾驶准考证

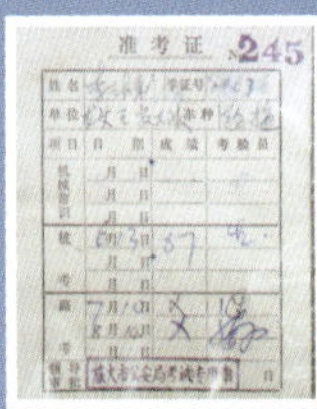

准考证 №245

1963 年汽车驾驶准考证

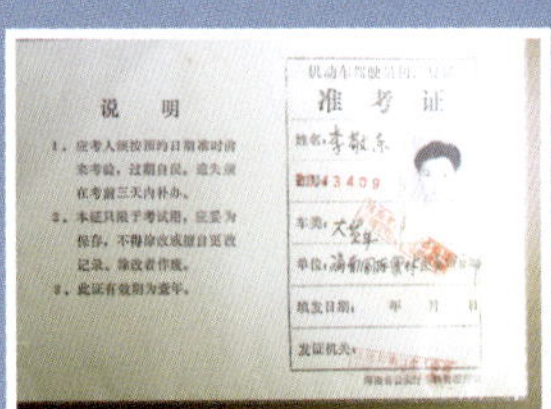

说 明

准 考 证

1994 年汽车驾驶准考证

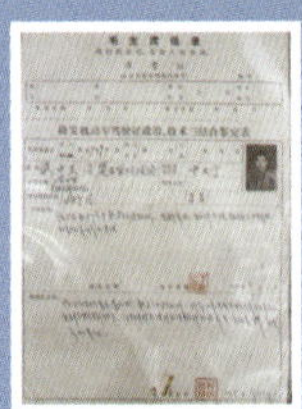

1975 年汽车驾驶准考证

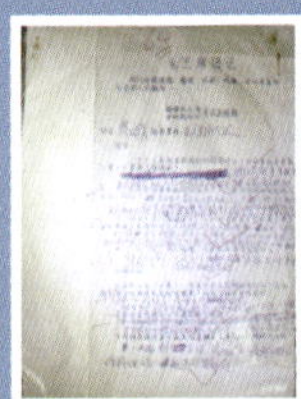

1972 年机动车驾驶考卷

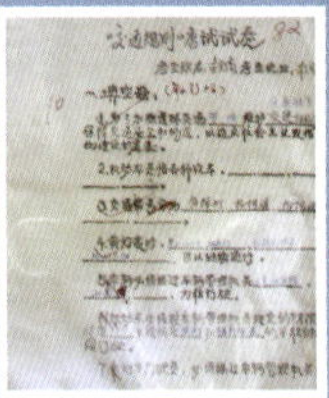

1983 年机动车驾驶考卷

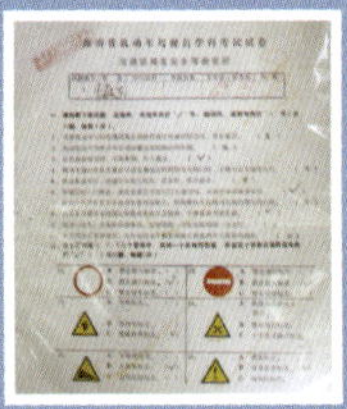

1994 年机动车驾驶考卷